TRANSFORM FOR THE FUTURE
THROUGH “HOW TO BE”

いま、中小企業経営者に必要なこと

株式会社フォーバル
代表取締役会長
大久保秀夫
HIDEO OKUBO

CROSSMEDIA PUBLISHING

はじめに

何のための、誰のための経営か？　というシンプルな問い

「何のために、誰のために生きるのか？」
あなたは答えを持っていますか。
このシンプルな問いこそ、私が本書を通じて問題提起し、読者である中小企業経営者の皆さんに考えていただきたいことです。私はこの答えの有無が、経営はもちろん人生をも大きく左右すると信じています。

かつて世界を席巻し、拡大を続けてきた日本経済と日本企業は、バブル崩壊を機に縮小へと転じました。もちろん、そんな中でも元気な企業がある一方、多くの企業は、舵取りを失った船のように、暗闇の中にあって先の見えない海を漂うような心持ちなのではないでしょうか。私はここに、冒頭の問いに対する答えの有無が大きく影響していると考えています。

私が経営している株式会社フォーバルはと言えば、１９８０年の起業以来、多くの紆余曲折を経験してきたものの、この厳しい日本経済の真っ只中にありながらも右肩上がりで

成長してくることができました。もちろんすべて自分の力ではなく、社員とその家族はもちろん、お客様、取引先のおかげですし、それこそ運としか言えないものに助けられたこともあります。

ただ、そこには経営者として、会社の舵取り役である船頭としての揺るぎない信念がありました。一言で言えば、経営者としての「在り方」です。それは経営者、いや一人の人間としての目的や生き方、信条、いろいろなものから構成されているものですが、私という人間をなす、太く固い背骨のようなものです。

いま、本書を手に取ってくれているあなたは、経営やビジネスにおける明確な目的があるでしょうか。あるいは、経営をする上で信念となるものをお持ちでしょうか。そうした確固たる在り方がないまま、「会社は儲からなければ駄目なんだ。儲けるためにはどうすれば……」と損得だけで経営判断を下したり、もしくは「いまのまま大きくも小さくもならず、事業を守っていけばいいんだ」と、経営判断そのものを棚上げしたりしていないでしょうか。

もちろん、ビジネスは慈善事業ではありません。企業にとって〝儲けること〟は必要不可欠です。儲けがなければ、立ちゆかなくなり、何ひとつ社会の役に立つことができないまま、あらゆる関係者に多大な迷惑をかけてしまう状況に陥ってしまいます。安定が目的となってしまっている場合においても、変化することを拒否している以上、将来的には同じ結果になるでしょう。

この会社は「何のために」「誰のために」存在しているのか？　という問いに対する答え。それが、会社を伸ばすため、会社を守るため、決して欠かせないものです。言うなれば、経営のど真ん中に据えるべきものだと言えます。

この問い自体はシンプルかつ本質的なものです。もし、その答えをすでに持ち、社会あるいは誰かのために貢献する使命感に燃えている経営者からすれば、「何をあたりまえのことを言っているんだ？」と思うでしょう。ただし、残念ながらこのような経営者はどんどん減っているのです。

「何のために」「誰のために」という〝在り方〟なくして経営を続けた会社の末路。それがそのまま、いまの日本経済の姿でもあるように感じられてなりません。

私は社業を通じ、また東京商工会議所などの活動を通じ、中小企業の役に立つということをライフワークとしてきました。それは、「日本経済・日本社会のこれから」を考える上で、中小企業の成長こそがその鍵を握っていると信じているからです。国内企業の99・7％もの割合を占める中小企業という存在がなければ日本経済は成り立たない。それは明白な事実です。だからこそ「いま、中小企業経営者に必要なこと」を伝えたい。そう思って筆を執りました。

目の前の経営の現実に苦しむ中小企業が多いと思います。会社の四大資源と言われる「ヒト・モノ・カネ・情報」で言えば、人手が足りない、設備がない、資金がない、ノウハウがないといった声がわかりやすい例かと思います。特に最近は、資金繰りに悩んでいる経営者が増えているでしょう。

私も経営者ですから、その苦しみはよくわかります。どれも大切なことばかりです。ですが、ここには、本当に重要なことが欠けているのです。それが〝在り方〟です。

私は「〝在り方〟さえあれば、万事解決するんだ」というような、夢物語や魔法のようなことを言っているわけではありません。しかし、これを無視しては成功できないのです。経営をする以上は欠かすことができない、本質的なことであるにもかかわらず、多くの経営者が忘れていたり、見て見ぬふりをしていたり、あるいは本当に知らなかったりする〝在り方〟をメインテーマに、本書は真正面から向き合いたいと思います。

本書の読み方　ガイドとしての概念「大樹」

この1冊の書籍を通じて皆さんにお伝えしたいことは、とてもシンプルな考え方です。しかし、シンプルであるがゆえに抽象度が高い面もあります。そこで、できるだけ事例やエピソードを紹介しながら、いくつかの角度から同じことに言及して「重要性の輪郭」を炙りだしたり、何度も基本に立ち返ったりすることで「迷子にならず、本質を理解」できるよう、丁寧な解説を心掛けています。

ここで、前述の「迷子」や「抽象的な概念の誤解」を回避する目的を兼ねて、読み方のガイドとなる一つの図をご用意しました。これは3部構成となっている本書の内容を「大樹」になぞらえた図です。ここからの解説は、この大樹のイメージと紐づけながら読んでもらうことで、本書の内容をより深く理解できることと思います。

▼第1部　すべての経営をＨｏｗ Ｔｏ Ｂｅからはじめよ　～大樹が育つために不可欠な根と幹～

「企業が大きく育つ」とはどういうことでしょうか。枝葉が育ち、実がなっても、根や幹

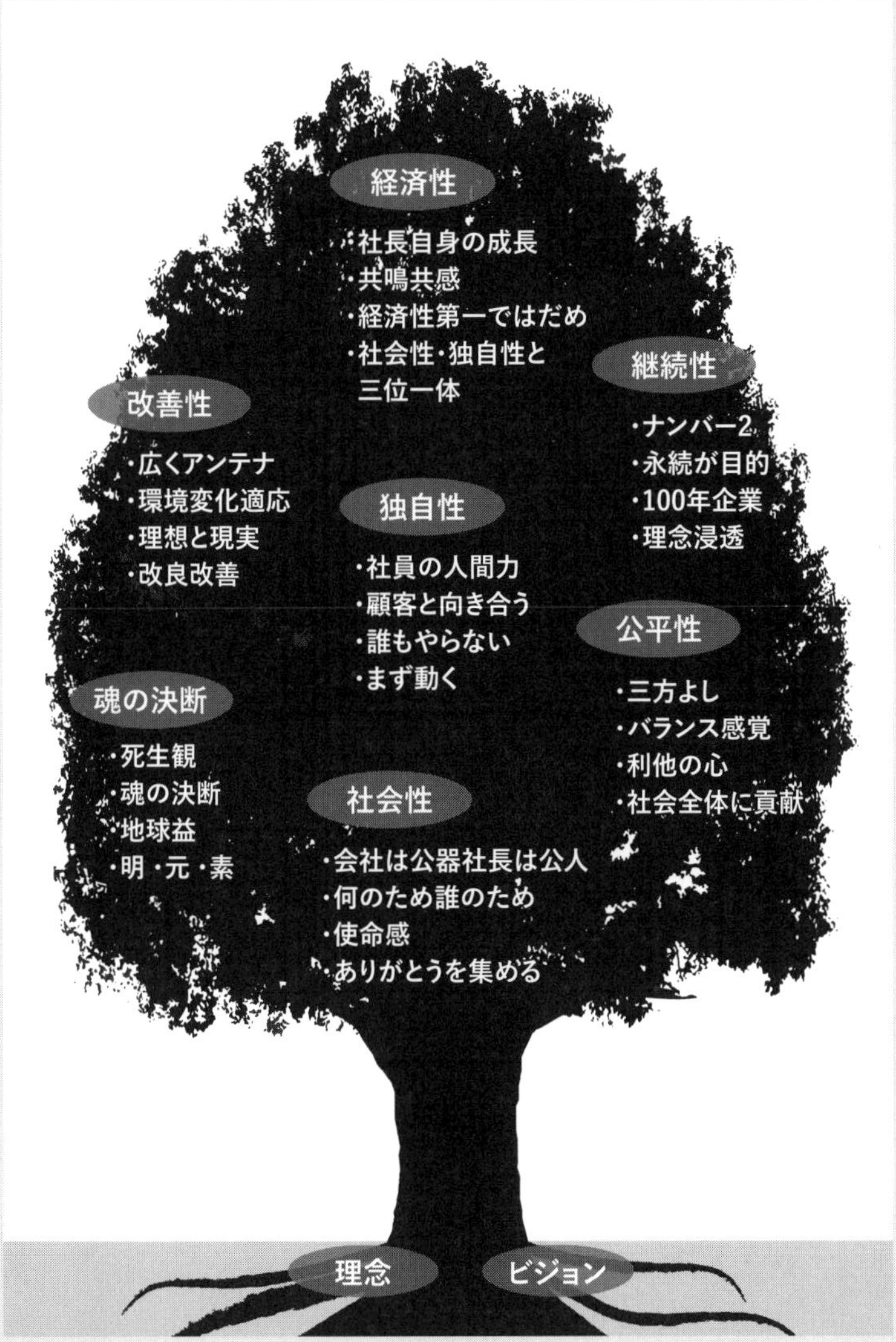
経済性
・社長自身の成長
・共鳴共感
・経済性第一ではだめ
・社会性・独自性と
三位一体
継続性
・ナンバー2
・永続が目的
・100年企業
・理念浸透
改善性
・広くアンテナ
・環境変化適応
・理想と現実
・改良改善
独自性
・社員の人間力
・顧客と向き合う
・誰もやらない
・まず動く
公平性
・三方よし
・バランス感覚
・利他の心
・社会全体に貢献
魂の決断
・死生観
・魂の決断
・地球益
・明・元・素
社会性
・会社は公器社長は公人
・何のため誰のため
・使命感
・ありがとうを集める
理念
ビジョン

が脆弱ではバランスを欠いている状態であり、強い風雨に見舞われると簡単に倒れてしまうでしょう。まずは樹全体を支える根や幹がしっかりと育つ必要があります。

企業にとって根となるのが、企業の在り方を定義する理念やビジョンであり、その上に立つ幹は社会性に立脚していなければなりません。これなくして大樹は育たない＝企業が安定しないということが、直感的にイメージいただけると思います。

つまり、企業が成長するためには、社会性に基づく理念やビジョンを言葉で明確に定義し、さらに社員にまで浸透させて強固なものにしなければならないということです。

本書では、これを経営に不可欠な「How To Be（在るべき姿）」と定義して、第1部で詳しく解説していきます。

▼第2部　How To BeからHow To Doへ接続する　～根と幹があってこそ生きる、枝葉としての方法論～

しかしながら世の中には、このHow To Beを無視して「うまくいく方法」「たくさんつくる方法」「多く売るための方法」など、「やり方」のことばかり考えるのが主流になっているのではないかと危惧しています。もう少し具体的かつ極端に言えば、「儲かりさえすればいい」「今さえよければいい」という考え方が、個人にも企業にも広がっているということです。

果たして、これで人や社会を幸せにできるでしょうか。本書では、このやり方のことを「How To Do」と定義していますが、何もこの「How To Do」をすべて否定する、という話ではありません。「How To Do」を活用していくことも大切ですが、大前提として、How To Beという土台となるものが必要だということです。

「〇〇の方法」といったようなHow To Doを最優先で考えていれば、「いま目の前にある短期的な課題を解決すること」が目的となってしまい、短絡的な判断に陥ってしまうことを危惧しているのです。もしそうなれば、「弱い根・弱い幹のせいで、枝・葉・花・実が育たない」ということが起こります。

よい土・しっかりと大地に張った根・強固な太い幹があってこそ、立派な枝が伸び、青々とした葉が芽生え、鮮やかな色の花を咲かせ、豊かな実がなるのです。企業も本来、こうした順序で経営を考えられなければ、会社の未来のことなど到底考えられないはずなのです。

第2部では、このHow To Beを土台としたHow To Doの考え方を解説しています。誤解が生まれないように、何度もHow To Beに立ち返りながら確認しますので、安心してください。

▼未来の経営を変革するFuture Transformation
～変革を実現するための9つの問い～

第3部では、視点を日本全体や世界、そして未来へと向けた経営について解説します。社会の要請に応える企業としての真の価値。ここを追求するための、未来をつくる経営変革としてFuture Transformationがメインテーマです。

How To Beという根と幹があり、How To Doという枝・葉がある。ぶれない経営の根幹をベースに、企業が未来へ向かって大きな価値を生みだしていくことが、企業の成長にも、継続にも不可欠です。そのためには、社会の要請を俯瞰した視点で捉え、自分事として経営に直結させなければなりません。

世界規模で言えば環境問題、日本国内でも地方創生や少子化対策に代表される大きな社会課題があります。これらは決して、他人事ではありません。ここを経営者一人ひとりが自分事として捉えることで、社会の公器としての企業が持つべき「社会性」が生まれます。

少し遠いことのように感じるのも無理はないでしょう。しかし、確かに実践している企業があります。そこに企業規模の大小は関係ありません。未来を見据えるとはどういうことか、経営を永続させるとはどういうことかを、事例と共に解説していきます。当然ながら、すべての基本となるHow To Beに何度も、何度でも立ち返りながら。

また、ここまでの内容を踏まえて、いま自分たちに足りないものが何かを炙りだす、9つの問いを立てています。これから中小企業経営者が変革に対応していくため、必要だと考える視点です。ぜひこの問いに自分なりの答えを持ち、見えない明日に備えていただければと思います。

さて、ここまでを通じて、本書の3部構成を、概観でご理解いただけたかと思います。この大樹の図を借りた俯瞰と、How To Beという基本を軸にして、読み進めてください。

第1部から順を追って読み進めてもらうことで、なぜHow To Beが重要で、それを土台としてどうやってHow To Doを扱うべきかを理解し、未来を描くヒントにしていただける構成としています。言い換えれば「第1部が基本。第2部が展開。第3部が未来」となっており、これが大久保秀夫の経営哲学の譲れない軸ということです。

「在り方／在るべき姿の重要性」に気づいていただくことさえできれば、これほどわかりやすい経営論は他にはない、と自負しています。

全国の中小企業経営者が未来をつくるために

昨今、「こうすれば必ず儲かる」「DXをすれば経営が改善できる！」「いまこそ人的資本経営が重要だ！」「SDGsの考え方を導入しなければならない」といって、How To Doを中心に紹介するような考え方や、セミナー・教材・本が世にあふれる中で、こうしたHow To Beの重要性を伝える人は減ったように思います。

しかし、それは経営にとってHow To Beが大切ではない、ということでは〝ありません〟。私はこれまで2万人以上の経営者と会ってきましたが、その多くは何年かすると消えていきました。一方で、いまでも活躍している経営者の中で、How To Beを持たずに成功している人を、私は見たことがありません。

皆さん、そろそろ本質に目を向けましょう。ぜひ本書を通じ、「社会性」を追求するとはどういうことか？　そのためには経営者とはどう在るべきか？　真剣に考えてみてください。「社会性」に根ざした考え方を経て見いだされた「在るべき姿」を土台として、「独自性」が生まれ、結果として「経済性」が生まれる。その結果、より社会に貢献できることが増え、結果として企業は成長することができるようになるのです。その延長線上にあるのが、「永続する経営」であり、社員をはじめとするステークホルダーと志を共にして幸せをわかち合うことができる経営です。このような本質的な経営ができてこそ、日本社会に本当に必要とされる企業となれるのです。

本書では、世の中で一番大事なものはHow To Doではなく、How To Beであると一貫して訴えています。それがなければ、未来はない、と。目先のやり方にとらわれてさまようのは、もう今日でやめにしましょう。一人でも多くの経営者が本質に気づき、目覚めるきっかけになってほしい。

この本は、そういう思いが込められた本だということを、知っておいていただければと思います。

さて、前置きが長くなりました。

それでは、さっそくはじめていきましょう。

いま、中小企業経営者に必要なこと　目次

はじめに
何のための、誰のための経営か？　というシンプルな問い……002
本書の読み方　ガイドとしての概念「大樹」……006
全国の中小企業経営者が未来をつくるために……012

第1部
すべての経営をHow To Beからはじめよ

Contents

01 99・7%の日本の中小企業が飛躍するたった一つの大切なこと……020
02 社会性＞独自性＞経済性がビジネスを正しく強く成長させる方程式……027
03 社会の公器として永続させるためにナンバー2を育てよ……034
04 高い評価を得られる企業は「強い経営者」がつくる……047
05 死生観が経営を左右する……055
06 企業の在り方を社是とビジョンで定める……065
07 あらゆる物事の分水嶺となる「決断」の考え方……073
08 考えて考えて考え抜いたその先に「独自性」が生まれる……078
09 「社会性」「独自性」「経済性」は不可分の1セット……084

第2部

How To BeからHow To Doへ接続する

01 How To Beとは、あなたと企業の強さ……090
02 How To Doを「社会性」からはじめよ……093
03 変えるべきこと、変えてはいけないこと……097
04 変わり続ける経営環境……101
05 社会に価値ある「新しいあたりまえ」を創造する……107
06 業種・業界・世界の未来をみずから変えよ……111
07 創業者を超える「How To Be」を持て……116
08 ギャップビジネスに「アクセルとブレーキ」を実装せよ……125

Contents

09 永続性の先にあるもの……133
10 当事者意識が自分と世界を変える……142
11 何事にもとらわれないトランスフォーメーションの自由な発想……148

第3部 未来の経営を変革する Future Transformation

01 「あたりまえ」が変わりゆく境目から見える変革の糸口……156
02 「すべての自分事化」がトランスフォーメーションの鍵……168
03 永遠に変わらない不可欠な命題「GX」……176

04 地方創生とトランスフォーメーション……182
05 未来変革を実現するための９つの問い……193
おわりに
未来を変革する中小企業経営者に、いま必要なこと。……220

ライティング　森田剛
カバーデザイン　城匡史
ＤＴＰ　荒好見・内山瑠希乃

第1部

すべての経営をHow To Beからはじめよ

TRANSFORM FOR THE FUTURE
THROUGH “HOW TO BE”

01

99・7%の日本の中小企業が飛躍する たった一つの大切なこと

How To BeとHow To Do

皆さん、何か物事をはじめるとき、本を読んだり、ウェブサイトを見たり、すでに成功している他人の「やり方」を参考にされたことがあると思います。

こうした他人のノウハウを参考に、具体的な「やり方」から入ることができるのは、大きなメリットだと思います。何もわからない人でも真似からはじめれば、なんとかかたちになることが多いですし、他人の知恵や経験を借りることで、時間短縮で成果を得ることができるからです。「はじめに」でもお伝えしたように、こうした「やり方」のことを「How To Do」と呼びます。

現代人の多くは、このHow To Doを求めています。非常に合理的な判断と言えます。

情報がネットの世界にあふれている昨今、How To Do至上主義の人が増えているのも、ある意味仕方のないことなのかもしれません。

しかし、経営者の世界において「やり方」だけで大成した人を、私は見たことがありません。おそらく、他の世界でも同じではないでしょうか。それはなぜか。この共通点はピンチに弱いことです。物事の本質である「なぜ」を理解していないので、不測の事態に対応できず、すぐに諦めてしまうのです。また、新しいことを1からつくりあげることも苦手としています。つまり、うまくいっているときはモノマネでなんとかなるのですが、時代や環境の変化には対応できないということです。

この「やり方」が趣味、たとえば釣りの話であれば、「今日は釣れなかった」「自分には向いていない」と諦めれば済むでしょう。しかし、これが経営となると話は別です。たとえ会社の規模は小さくても、少なからず社員、その家族、お客様、取引先など、その会社の商品・サービスや、そこから得られる利益を頼りにしている存在がいるからです。「この事業はうまくいかなかった」と、簡単にギブアップするわけにはいきません。また、そもそも「何のために」「誰のために」という本質的な部分を突き詰める経営者であれば、このような事態に陥ることもなかったでしょう。

会社はもともと「社会の公器」だと言われています。How To Doに走っている経営者は、この理由についても考えたことがないでしょうし、答えも持っていません。私は本来、公器である会社の経営者は公人であり、「なぜ公器と言われるのか？」「公器としてどう貢献できるのか？」「この会社はどう在るべきか？」「公人たる自分はどう在るべきか？」ということを考え、その答えを社内にも、社外にも打ちだし、賛同者を増やしていくのが経営者の仕事のひとつであると考えます。

しかし、実際にはそういうあたりまえのことができていない経営者が多いのです。私が感じている「中小企業が大きくならない理由」がここにあります。中小企業の経営者はHow To Doばかりを重視して、本質ではない目先のことばかりに右往左往しているからです。本当に大切にすべき在るべき姿＝在り方を軽視しているのです。

この在るべき姿＝在り方を、How To Doと対比して「How To Be」と呼びます。「なぜこの会社が存在しているのか？」「誰のために存在しているのか？」、会社にとっての起源であり、同時に未来を問いかけるものです。また経営者自身にとっては、「自分は何のために存在しているのか？」「人としてどう在りたいか？」と、一人の人間として生き方を定めるものでもあります。

企業は、人と人の関係で成り立っています。どんなビジネスをするにあたっても、まず経営者に「人としての基礎」となるものがなくてはうまくいきません。私は、経営とは、この「人としての基礎」を持った経営者が、どうやって社会の役に立ち、人を育て、さらなる価値を生みだすのか？　という取り組みだと考えています。そのためにも、経営者にとっては在り方を定めることが、一丁目一番地の仕事なのです。

稲盛さん、盛田さんから叩き込まれた「在り方」

私は40年以上の経営者人生の中で、2万人を超える経営者を見てきました。その中で、去っていく経営者に共通していたのは、「How To Doの目的化」でした。

「わが社も、ＤＸで生き残るぞ！」といった号令をかけている読者の経営者もいらっしゃるのではないでしょうか。そこに「お客様のために」「業務効率化を徹底的に図るために」のように、何か大きな目的があるはずなのですが、単に時代の流れに合わせ、「ＤＸ化すれば時代の変化についていける」「勝てる」と、妄信しているケースが意外と多いのです。このような状態が、「How To Doが目的化している状態」です。手段が目的化している意思決定を下す経営者は本当に多く、時代の潮流に乗っているときはうまくいくケースもありますが、ひとたび逆境に立たされると、そこから立ち直ることができなくなるのです。

かつて、京セラの稲盛和夫さんやソニーの盛田昭夫さんに直接教えを乞うたときの話をしましょう。私の横にはソフトバンクの孫正義さんを筆頭に、今も現役ですばらしい活躍をされている経営者の仲間が塾生として座っていて、「今月は稲盛さん」「来月は盛田さん」といったように、1対複数で教わっていたのです。

そこで何を教わったか。

それは「経営において何をすればいいか」という内容ではありませんでした。そこに答えはなく、「人間とはこう在るべきだ！　経営者とはこう在るべきだ！」という「在り方」をひたすら教わったのです。

私が31歳のときのことです。稲盛さん、盛田さんと向き合いながら一日4～5時間教えを受けるのです。我々の理解が浅ければ、延長することもよくありました。毎回、精神的に大きな重圧を受ける厳しい塾でしたが、本当に有意義かつ価値のある、豊かな時間だったと思います。

ある日、盛田さんが食事の場で自身が手術を受けたときの話をされたことがありました。自分の体のことをよく知っておきたいから、術後に自分の手術の映像を見た、という話でした。それは自分が一番嫌なこと、見たくないことを直視するためだったそうです。経営者は、人間があたりまえに「怖い」と思うことを見る、聞く必要がある。どんなに嫌なことであっても、どんなに苦しいことであっても、経営者だったらそれから目をそらしてはならないんだ。見ろ！　聞け！　という教えでした。

一つひとつの実例を通して、印象深いエピソードと共に、そうしたことを数年かけて叩き込まれました。

この中で、How To Doのことは一切教わりませんでした。経営者としてどうか？　人としてどうか？　そうした哲学的な視点からの話だけです。

How To Beに原理原則がある

そこで教わったことは、経営にすぐに生かせるものは何一つありませんでした。しかし、そうした場所があったからこそ、私の根や幹となる部分が育ち、いまの私があります。よって、いまでは私が塾を開く立場になりました。当初、300人もの人が集まってくれました。しかし、そこからの3年間で半分の150人まで減りました。

それはなぜか？　How To Doを一切教えなかったからです。去っていった人は、「何もやり方を教えてくれないじゃないか！」と憤慨されたのでしょう。ある意味、当然かもしれません。しかし、ひたすら「在り方」だけを教える塾に150人もの人がついてきてくれたのです。そして、塾で教えてから十余年、コロナ禍も含めて厳しい経営環境にあったにもかかわらず、ほとんどの会社の業績が伸びています。しかも86社は過去最高利益を出し、中には上場した企業もあります。一方、少数ですが環境変化に耐えきれずに去っていく経営者もいました。

彼らが失敗したのは小手先の方法、つまりHow To Doに逃げたからです。たとえば、自分で採用した人を切り、どうにか乗り切ろうとした人もいました。しかし、人こそ財産なのです。残念ながらいい結果には結びつきませんでした。

「人こそ企業なのに、切るのはおかしい。その考え方は邪の道だ。企業の財産を削っては駄目だ」

私は残ってくれた塾生に対して、How To Beを伝え続けました。正しい経営の在り方というベースがあり、そこからはじめて時代の変化への対応、コロナ禍やDX、SDGs……という新たな要請にどう対応していくか、検討するのが正しい物事の順序のはずです。

それどころか、まっとうな経営者であれば、「SDGsなんて、何をいまさら……」と考えているでしょう。SDGsは確かに重要ですが、企業はもともと持続可能な存在でなければならず、これは原理原則のはずです。いまさら、こうした話が出てくること自体、これまで多くの企業が経営の本質を意識していなかったことの証左とも言えるでしょう。これを恥ずかしいと思えるくらいでなければなりません。そういう意識でなければ、「王道の経営」はできないでしょう。

02

社会性∨独自性∨経済性がビジネスを正しく強く成長させる方程式

すべてHow To Beからはじめよ

経営の原理原則として私が掲げる考え方に「社会性∨独自性∨経済性」という3つの要素があります。これらを踏まえて、焦らず、しかしスピーディに、一つずつ達成していくことが極めて重要です。この考え方は私が考える正しく強い経営の在り方、「王道経営」の大黒柱でもあります。まずはこのことを覚えておいてください。

さて、経営者にはあらゆることを考え抜くことが求められます。ですが、ただ考えるだけでは十分ではありません。考えて考えて考え抜いた先に「見えた！」という瞬間があるのです。考え続けたならば、そのときは必ず訪れます。経営者は深く考え、諦めることなく、その領域まで辿りつく必要があります。

では、ここで実際に新しい事業について一緒に考えてみましょう。

まず、これまでお伝えしてきたように、すべての基本はHow To DoではなくHow To Beです。そのHow To Beを見いだすコツは、常にどんなことも自分事に置き換えて考える習慣を持つことです。

たとえば現在、国の「骨太方針」の一つに少子化対策が掲げられています。この課題に対して、どうすれば自社の存在意義を見いだせるのかを考えてみるのです。「どうやったら儲けられるか？　何をしたらうまくいくか？」を求めるHow To Doではなく、「私たちはどう在るべきか？　何ができるのか？」を起点とするHow To Beから考えるのです。

実際、フォーバルでは「まずは地方からだ、経済から取り残されている地方を蘇生・活性化させる」という決意をし、ご縁のあった地域を活性化し、少子化対策に寄与するための新たなチャレンジをはじめています。当然、自分事ですから「果たして、この地域だけでいいのか？」「日本だけでいいのか？」という発想にもつながっていくでしょう。

しかし、ここに「儲けるために！」「会社を大きくするために！」という私欲の意図は微塵もありません。「社会のためにやるんだ！」という強い想いが最初にあるだけです。

はじめは「儲かる、儲からない」にとらわれない。自社が何のために、誰のために存在しているのかを見つめ直し、社会に貢献するべきことを突き詰めるというところが大前提であり、非常に大きな分水嶺です。

How To Beで価値あることを見つけだす

自社が貢献すべきことがわかったならば、より具体的に自社だからこそできることを見いだしていきます。当然、いろいろできること、やるべきことは見えてくると思いますが、それが自社の強み、特に自社の社員の強みが生かせることでなければ、実際に取り組むことは難しいでしょう。

また、自社の強みを生かし、できることが見つかったとしても、新しい商品・サービスの開発が必要だったり、人の確保や教育が必要だったり、法制度の変更が必要だったり、かなり高い参入障壁があることでしょう。だからこそ、それを解決することができずに困っている人がいるのです。その場合、経営者は大きな決断を迫られますが、ここは「損か、得か」ではなく「善か、悪か」「正か、否か」という判断基準で考えることが重要です。非常に困難なことですが、私の経験から言わせていただくと、誰も手を出さない、出せない領域だからこそチャンスがあるのです。また同時に、誰もやらないからこそ使命感を強く持って取り組むことができるのです。

このように、社会性、独自性についてクリアできたら、ようやく経済性のことを考えられるわけです。仮に社会性・独自性があったとしても、経済合理性が成り立たなければ、はじめたものの、続けることができず、結局は周りに迷惑をかけることになるからです。ですが、逆説的に言えば、「価値があることをやれるならば、儲からないはずない！」。これが私の答えです。

だから経営の原理原則は「社会性＞独自性＞経済性」で考えるべきなのです。

そもそも企業の目的とは何でしょうか。

儲けること！　ではありませんよね。

私の考える企業の最上位の目的は「永続」です。そのための正しい企業の在り方は「社会性」です。永続するには、社会の抱える問題、不便さを解決していかなければなりませ

図1-1　経営の原理原則「社会性＞独自性＞経済性」

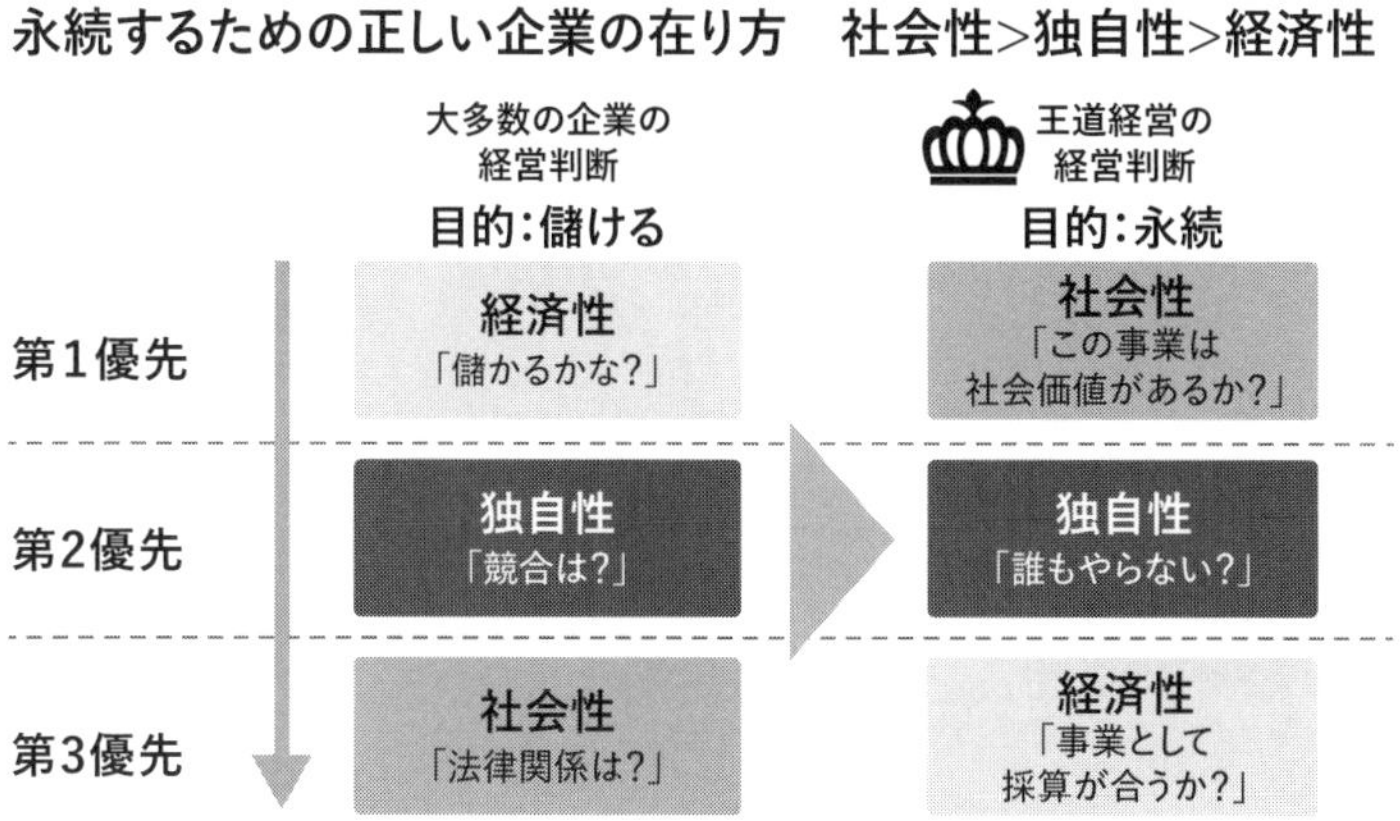

ん。どんな企業も社会に役立つという〝存在価値〟があるからこそ、社会から求められて事業として成り立ち、継続していくことができます。ということは、企業の出発点は「儲けよう」ということではなく「役に立とう！」で在るべきなのです。

図で整理しましょう。

How To Doに陥る会社は、この図にあるように①経済性　②独自性　③社会性の順で考えています。彼らの最上位の目的は「儲ける」ですから、そのための手段として人をリストラしたり、商品・サービスの質を落としたり、安心・安全をないがしろにしたり、ということが平気でおこなわれるようになってしまうのです。そうではなく、正しい企業の在り方は、①社会性　②独自性　③経済性の順で考えていく必要があります。

このビジネスは「必ず誰かの役に立つ」（社会性）。

誰もやっていないのなら「私たちがやってやろう」（独自性）。

それを覚悟と勇気を持ってやりきるからこそ「利益が出る」（経済性）。

経営管理という視点では、利益をベースにすることはとても楽です。しかし、利益、利益と言っていると、経営の軸がブレてしまうのです。たとえばバブルのときに、私にはたくさんの儲け話が舞い込んできました。しかし一度たりとも耳を貸しませんでした。土地も、株も、何もかも。

結果として、大きな利益を手にしなかったかもしれません。ですが、大きな損も出していません。フォーバルはそこそこ大きな企業にはなりましたが、かと言ってとてつもなく大きな会社というわけでもありません。それは自分の〝分〟をわきまえているからです。

無理をしない。利益を目指したり、大きくすることを目指したりしていると、どこかで必ず無理が生じます。分を超えて会社を大きくすることなど考えない。そんなことよりも、会社としての「在り方」を考えたときに、いまやるべきことは何か、社会のために価値のあることは何かを、いつも考えるべきです。

図1-2　「社会性」のポイント

1. 自社が何のために？　誰のために？　存在しているのかを見つめ直し、社会に貢献するべきことを突き詰めていく

➡ **出発点は「儲けよう」ではなく「役に立とう」**

2. 「世のため」「人のため」という強い思いが使命感となり、困難に打ち克つための力にできる

➡ **成功する経営者の共通点**

3. 会社は社会の「公器」であり、トップの社長は「公人」

➡ **「企業は絶対潰してはならない」という覚悟を**

4. 企業の本当の価値＝「ありがとう」の数

➡ **お客様から心からの「ありがとう」をもらうのが本当の仕事。利益とはその結果でしかない**

もし、皆さんの会社で社会性のある事業を手がけているにもかかわらず、それでも利益が出なくて困っているのであれば、自社の独自性が弱いと判断してください。どんなにいいことでも、他の会社でもしていること、簡単に真似できることであれば、どうしても価格競争になります。しかし、社会性の上に独自性が成立すれば、競合はありません。利益＝経済性は後からついてくるのです。

当然、社会性がなく、独自性もなければ、経済性＝利益が出る道理がありません。せっかく社員が一生懸命働いてくれているのに、こんな状況に陥りたくはないでしょう。

そうならないために社会性の土台を据えて、独自性を持つ強固な会社であることが肝要です。別の言い方をすれば「儲けることは手段。間違っても目的ではない」ということで

す。その最初の関門の道しるべとなる考え方がHow To Beだと考えてください。

ここから、この社会性について深掘りして説明していきましょう。

03 社会の公器として永続させるために ナンバー2を育てよ

社会の公器としての企業の存在

原点に立ち返り、企業は誰のためにあるものなのか。

これを考えてみましょう。

企業は「株主のもの」という株主資本主義が広く認知されています。しかし、それは一面的な理解でしかありません。実際には、企業はそこにかかわる人、みんなのものです。

だからこそ「企業は社会の公器」だとよく言われますが、そもそも、なぜ「企業は社会の公器」なのでしょうか。

企業にとっては社員も大事、もちろんお客様も大事、株主も取引先も大事です。これらステークホルダーみんなが大事な存在で、企業が社会的な価値を生みだして永続していくことを考える以上、何ひとつ欠かすことができません。そのようにかかわるすべてのために存在するからこそ、「公器」であると言われます。

さらに、これからの企業はこれらに加えて、地域社会を含めた「環境」という問題に対しても、責任を持つ必要性がより一層増していくでしょう。

企業というものが、社員、お客様、株主、取引先、地域・環境すべてにかかわっている存在なのだと考えれば、「企業は社会の公器」と言われるのは当然のことだと理解できます。結論として、だからこそ企業は潰してはいけないのです。なくなってしまえば、かかわる人たちすべてが損失を被ることになるでしょう。

たとえば、愛知県の豊田市から、トヨタ自動車が撤退したとしたらどうなると思いますか。働く人も、住む人も、お店を利用する人も、取引先となる会社も、トヨタ自動車に大きく依存していますから、街全体が廃れてしまうことは容易に想像できると思います。こ

図1-3　企業は誰のものか？

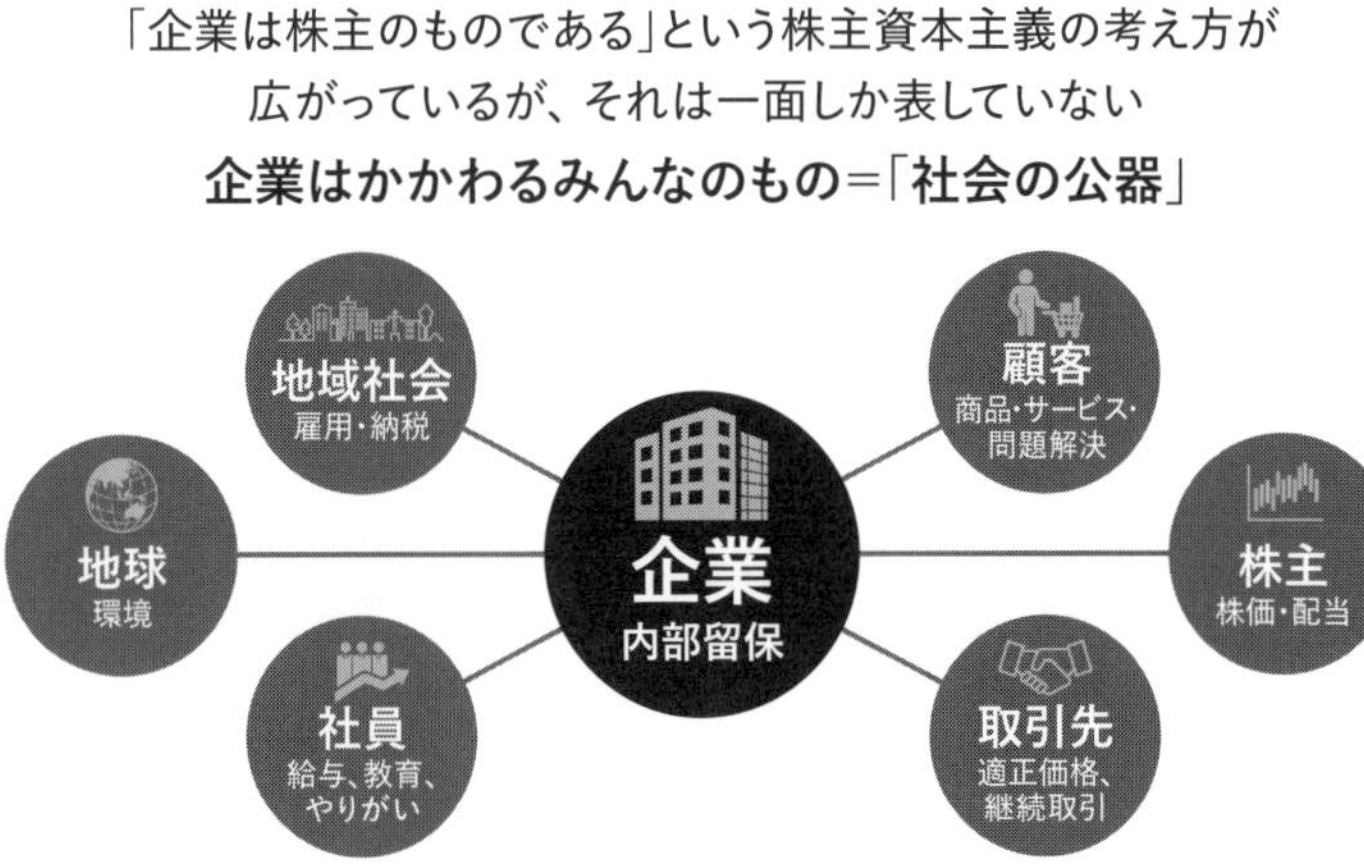

のように大きい企業が一つなくなることは、社員と家族、お客様、取引先、地域社会や広義の環境も含めて、とてつもない影響を及ぼすことになります。もちろん、トヨタ自動車が豊田市から撤退するなんて考えにくいことです。しかし実際、日産自動車が立て直しを図るため、40年近く操業していた工場が閉鎖され、街に大きな影響を及ぼしたことがあったのです。

「でも、小さい会社なら問題ないだろう」

そういった声が聞こえてきそうですが、そういうことではありません。もっとミクロな視点で見てください。小さい会社にも「社員という一人の人間」がいるわけです。あたりまえですが、私たちと同じように自分の人生、あるいは家族の生活を一人ひとりが背負っているのです。

そして小さな会社にもお客様、取引先、株主がいます。少なからず地域社会とも関係があるでしょう。また、地球の一員である以上、環境対応に会社の大小は関係ありません。経営者はその規模に応じて、同じようにステークホルダーがいるという自覚を常に忘れてはなりません。

経営者は「公人」であれ

また、企業は国を支えるエンジンという側面もあるでしょう。企業が社員を雇用し、安心して働ける環境があるからこそ、社員は将来設計をし、旅行に行こう、車を買おう、結婚しよう、家を買おうと、経済が回っていくことになります。

それだけではありません。日本も含めた世界の国々は法人税なくしてやっていけるでしょうか？　病院、警察、消防、学校などが何で成り立っているかと言えば、それは税金です。我が国の税収は所得税、法人税、消費税が約8割を占めています。これはどこが生みだしているかというと企業です。企業が直接支払う法人税はもちろん、所得税や消費税の源泉となっているのも、企業が働く社員に給与を支払っているからです。企業が生みだす税金で日本という国の一端が支えられていると言えます。

図1-4　企業の最上位目的は「永続」

➡ 企業は国を支え、経済を支えるエンジンの一翼

・**法人税**
・**社員の所得税、住民税、消費税　など**

＝ **企業がなければ誰も国を支えることができない**

➡ 「公器」のトップである**社長は「公人」**であるという自覚を
強く持たなければならない

∴ 一番大事なのは、**「企業は絶対潰してはならない」**
という覚悟、企業の最上位目的は「永続」であるということ

➡ そのために皆さんは何をすべきか？

すなわち、国を回し、経済を回す、この両輪の源泉となっているのが企業です。

　ところがこの5年間だけでおよそ30万社もの企業が減っています。しかもその過半数が黒字なのに自主廃業しています。なぜなら、後継者がいないためです。誰かの役に立つことで利益を出し、そこから税金を払い、社員に給与を支払っていた企業が、後継者がいないという理由で減り続けているのです。これは大いに憂うべき現象です。

　企業がなくなるということは、この先、国が衰退していくことを予見させます。そうならないために、豊かな国であり続けるためにも会社を存続させなければなりません。そのため、経営者はたとえ規模が小さくとも「公人である」という認識を持つべきです。公器たる企業を経営しているのですから、公人と

呼んで差し支えないはずです。

国を支え、経済を回す一翼を担っているのだという自覚を持てば、企業は大小にかかわらず潰してはいけない存在だという実感が持てるはずです。そのための手段として当然、利益が必要とされるのです。

もう一度言います。

経営者は、どんなことがあっても企業を潰さない覚悟が必要です。

企業の目的は「永続」であり、そのために必要な在り方は「社会性」です。

「なくてはならない存在」になる決意

人の人生は有限です。この限りある人生の大半の時間を費やすのが仕事です。ある意味、命を使っているということです。ならば、「やった価値があった」と思えることに一生を捧げたいものです。

それは私の場合、中小企業の「永続」を手助けし、「中小企業にとってなくてはならない存在」になるということに価値を感じ、使命として掲げています。ただし、それは私だけが思っていても力にはなりません。この思いを社員に伝え、使命感を持って取り組んでくれる同志とし、より実現可能性を高めるのが、私の役割です。

私たちがやっているビジネス、サービスは何を目的としてやっているのか？　私はいろいろな機会を使いながら、創業の決意を伝え続けています。フォーバルで働いている社員たちが、私の使命感を本当の意味で理解できるかはわかりません。全員が気づくわけではないかもしれません。ですが、いつの日か気づいてくれたらいいと信じ、私の想いを伝える努力を続けています。

一つのことを言い続ける、ということはとても大事です。何かを伝える、理解してもらうということは、じわりじわりと浸透していくものです。だから何度でも、何度でも、何度でも言い続ける。耳にタコができて、その耳にできたタコが潰れるまで、と言ったら極端に聞こえるかもしれません。ですが、自分が「絶対に、これは！」と強い信念を持って伝えるべきだと思うことであればあるほど、相応の覚悟を持ってやるのです。

つまり、言い続けることが経営者にとって、とても大事な責務だということです。なぜなら、会社というものは創業者の理念やビジョンを拠り所に、一つにまとまるものだからです。創業者はもちろん、それを受け継いだ経営者にとって、その想いを伝えること、そのために必要なことを社員に教え、育むことは欠かすことのできない重要な仕事なのです。

振り返れば、私も会社をつくって3年間はがむしゃらでした。ひたすら働き続けた毎日でした。そういう日々を経て、なんとか離陸することができて、人も増え、ようやく経営が少しばかり安定してきたな、と気を抜いて現状に満足したり、自分が遊ぶことに重きを置いたりすれば、そこで終わりです。大事なのはそこからです。滑走路を全力疾走し、離陸したのは目指すところへ向かうためなのですから。

だから企業の操縦桿を握る経営者として、一人の人間として、どう在るべきかを考え、勉強し続けていかなければいけないのです。私はこのことを、自分の会社の社員、また一人でも多くの経営者に気づいてもらうことを使命と捉えています。なぜかと言うと、私にかかわった人はみんな幸せになってほしいからです。

きっと、世の中の多くの中小企業経営者は、さぼっている意識はないのでしょう。ですが、ここのステップがズレてしまうことで、本当の経営というステージに上がることができずにいることが残念でなりません。

結果、世間が「DX」と言っているから乗ってみる。成功者に勧められたからやってみる、みんなやっているから真似してみる、というHow To Doの思考に陥ってしまうのです。人間としてどう在るべきかを考える人であれば、考えずとも次にするべきこと、なすべきことについて、本質で判断できるはずです。だからこそ逆に、そこがわかっている経営者は強いと言えるでしょう。その経営者から見れば、多くの人々が流行に振り回される様を見て、これではまずいと感じることでしょう。もし、その様子を稲盛さんが見ていたら、「話にならん！」といってコテンパンになるまで叩き直されることでしょう。それでもわからなければ、最後に残るものは「虚しさ」だけかもしれません。

何のために生きているのか。何のために働くのか。

私は中小企業のために存在するフォーバルという生き方と、すべては人なのだという在り方、つまりHow To Beが揃ってはじめてHow To Doに取りかかる、この基本を頑なに守ってきました。経営は難しいといわれますが、この基本であり真理をわかっていれば、そう簡単に会社は潰れず、継続していくのです。

諸説ありますが、会社の存続率は、設立して10年で6・3％、20年で0・39％と、歴史が長くなるほど低くなっていくと言われています。そんな中、フォーバルが創業40周年を超えることができたのは、How To Beという原理原則を大切にしてきたからです。

だから私はこうして生き残ることができているのだと確信しています。

公器として永続させるためのナンバー2

企業が生き残っていくということを考える上で欠かせないのが後継者です。皆さん、元気なうちに後継者を、あなたの会社のナンバー2をつくってください。

中小企業の場合、経営者のあなたが倒れてしまったら、存続できるでしょうか？　大半の会社はおかしくなるでしょう。若い経営者の中には「俺は当分、大丈夫だ。まだ後継者なんていらないよ」と思う方がいるかもしれません。ですが、世の中は「無常」が常です。生あるものには必ず「死」が訪れます。それも、いつ訪れるかわからないのです。もちろん、人生は一度きりでやり直しができません。

私自身、数年前に大病を患いました。危うく、死ぬところでした。

人間誰しも、明日何が起こるかわかりません。そのときにもし、会社にナンバー2がいなかったら、そこで会社は終わってしまうでしょう。そのときのことを考えたことがあるでしょうか？

会社が終わったらどうなるか。社員は、お客様は、取引先は、株主はどうなるでしょうか。ある日突然「会社がなくなります」と通達される未来を想像してみてください。先述した通り、多くの人に多大な迷惑をかけることになるでしょう。何のために、誰のために会社はあるのか。社会の公器としての企業ですから、何があっても続く体制をつくっておかなければなりません。

図1-5　ナンバー2の重要性

皆さんが元気なうちに後継者、ナンバー2をつくること！

・一世を風靡した大企業でも**後継者不在で衰退する**会社は多い

・「人は必ず死ぬ」「いつ死ぬかわからない」

➡リスクマネジメントは経営者の責務

・ナンバー2にすべき条件は「人徳」のある人

➡皆さん自身に「人徳」がなければ育たない

・How To DoからHow To Beへ

➡これからの時代はモノの競争から「人的差別化」の競争へ

このような不測の事態に陥らないよう、自分が元気なうちに、会社が健全なうちに、社内にナンバー2をつくってください。中小企業に限らず一世を風靡した大企業であっても、後継者がいない企業が多いという実態が露わになっています。

人は必ず死ぬ。ここを大前提として、経営者の責任として、リスクマネジメントのためにナンバー2を育成しておきましょう。これは「社会性」の考え方からも義務と言えます。

ここで多くの経営者が悩むことがあります。誰を、どんな人間をナンバー2にすればいいか？　という問題です。「うちには優秀な技術者がいるから、彼を……」「優秀な営業がいるから、その中から……」そんな条件で後継者を決めるわけにはいかないでしょう。

ナンバー2の条件はただ一つ、「人徳がある人」です。では、それはどういう人か？　言葉にするのは難しいことですが、「あの人に言われたら仕方ないな」「あの人から頼まれたら仕方がないな」と、思わず従ってしまう人です。「営業力は抜群だけど、技術力はすごいけど、あいつには言われたくないよ」と思ってしまうような人はナンバー2の資質がありません。

しかし、この人徳ある人を後継者として育てるのは簡単ではありません。まず、経営者自身に人徳がなければ人を育てることができないからです。経営者に人徳がないのに、人徳のある人が育つはずがないのです。

ということは、あなた自身が人徳のある人間になるしかないのです。「あの社長に言われたら仕方ないな」と言われる社長になるのです。徳のある人間の下で、はじめて徳のある人間が育つのです。そういう人をナンバー2に据えることができれば、あなたに何かがあったとしても、ナンバー2が会社を守ってくれるということは、容易に想像できると思います。

また、守りではなく攻めの意味でも、ナンバー2は必要です。こういう素晴らしいナンバー2がいる会社は事業も伸びていきます。なぜなら、ナンバー2に任せることで、あなたが新しいことや、やるべきことに費やす時間が持てるからです。その意味でも、もしあなたの会社にこうしたナンバー2がいないなら、今日この瞬間からナンバー2をつくることをはじめてほしいのです。

自分が人間として、経営者として、どう在るべきかをしっかり学び、考えてください。そうして学んだことを部下たちに何度も何度も、何度も伝えてください。そうすれば自然と、人は育ちます。育った中から、ナンバー2が出てくるでしょう。

ただし、一朝一夕にできることではありません。絶対の方法もありません。確実な方法もありません。失敗することもあるでしょう。

ですからポイントは、ただひとつ。一日でも早くはじめることだけです。

04

高い評価を得られる企業は「強い経営者」がつくる

目指すべきは「いい会社」

私は、「王道経営」の目指すべき企業像として、「ありがとう」が集まる「いい会社」であると定義しています。その実現のために真剣に考えて創意工夫をする。ここに経営の本質を見いだしてほしいのです。

ここで質問があります。あなたは「良い会社」と「いい会社」の違いがわかるでしょうか？

「良い会社」というのは銀行や投資家から見たときに財務的価値が高い会社です。「いい会社」はお客様から「お宅の会社はいい会社だね」と言われる会社です。なぜ、そう言ってもらえるのかと言えば、提供する商品・サービスが素晴らしいことはもちろん、社員の対

図1-6

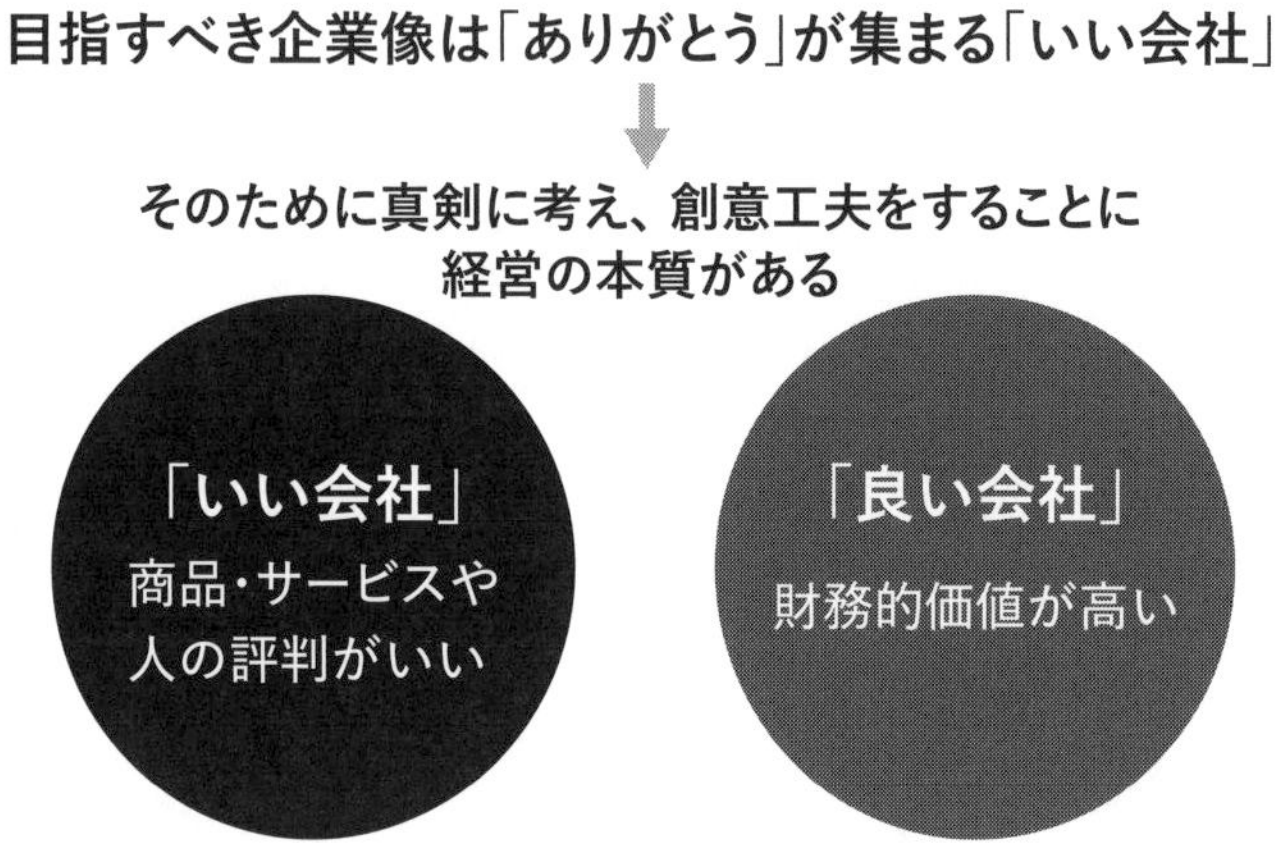
目指すべき企業像は「ありがとう」が集まる「いい会社」
そのために真剣に考え、創意工夫をすることに
経営の本質がある
「いい会社」
商品・サービスや
人の評判がいい
「良い会社」
財務的価値が高い

応そのものが高く評価されているからなのです。

また、社員から「うちの会社はいい会社だ」と評価されるのであれば、経営者の考えがいいからです。そういう「いい会社」をつくるべきなのです。経営者の考えが人徳的に優れていれば、おのずと社員のモチベーションが高まり、それは社員の対応にも反映され、お客様から高い評価を得られるようになるはずです。結果として売上・利益が上がり、「良い会社」にもなれるでしょう。

世間では、規模が大きく知名度が高ければ「良い会社」とも言われがちですが、果たしてそれだけで本当に「いい会社」と言えるでしょうか。上場企業でも、働く社員が肉体的に疲労困ぱいしていたり、精神的に満たされ

ていなかったりするケースがあります。「良い会社」というのは必ずしも「いい会社」ではないのです。だから皆さんは、まず「いい会社」を目指してください。「いい会社」であることを大前提に、結果として「良い会社」になることを目指すのです。この順番を間違えないでください。社員から「うちの会社はいい会社だ」と言われるようになることは、すべての経営者の義務です。

「教育者」としての経営者

繰り返しお伝えしてきた通り、企業の究極の目的は「永続」です。それはどういうことかと言えば、「自分たちが幸せになり、周りの人も幸せにすること。それが一時的なものではなく、永続すること」です。

そのためには会社を支える社員の成長が不可欠です。社員が成長しなければ社会に役立つ存在となり、継続させることはできないのですから。

みんなを幸せにし、永続するために必要なことは次の2つです。

1つ目は、先ほどもお話しした「経営者自身の成長」です。会社は経営者の器以上には大きくなりません。そのためにも経営者は勉強に次ぐ勉強を重ねなくてはなりません。

2つ目は、経営者は自分が学んだことを社員に「伝え、共有すること」が肝心です。学びを社員にわけ与えることと言ってもいいでしょう。

1と2、このどちらが欠けても駄目で、両立していなければ会社は伸びません。少しばかり会社が大きくなったからといって慢心せず、いつまでも成長意欲を忘れず、人徳をもって社員の成長をみずから後押しする経営者の存在が、いい会社をつくるのです。そのような思いを経営者が持ち、言葉と行動で一生懸命伝えれば、社員は率先して応えてくれるでしょう。

そうした仲間が揃ってはじめて会社は成長していくのです。人が財産だというのは、こういうことです。

経営者は、社員が幸せに生きられるように導くこと。いまの自分が経営者として「この企業を通じて実現できる幸せ」を見いだしていないのなら、それを考えて考え抜くこと。その解を出すために学ぶこと。そして得られた学びを社員に伝え、共有すること。すなわち「経営者は教育者」なのです。

一人でも、二人でも採用したなら、その社員を幸せにするのが社長の義務です。その義務を果たさないまま、金儲けや自分が楽をする手段として社員を使っている限りは、人も

図1-7　経営者は教育者であれ

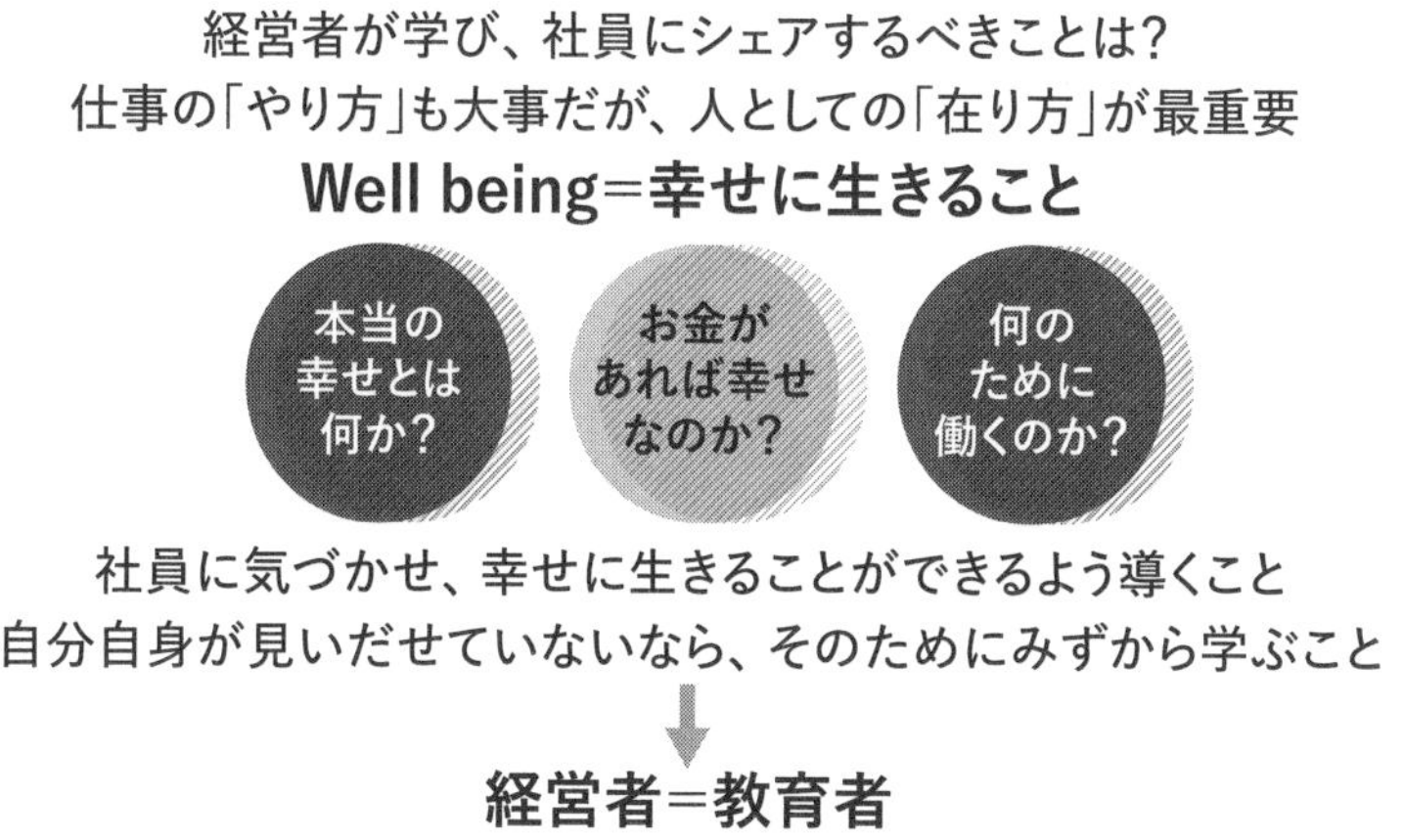
経営者が学び、社員にシェアするべきことは?
仕事の「やり方」も大事だが、人としての「在り方」が最重要
Well being=幸せに生きること
本当の幸せとは何か?
お金があれば幸せなのか?
何のために働くのか?
社員に気づかせ、幸せに生きることができるよう導くこと
自分自身が見いだせていないなら、そのためにみずから学ぶこと
経営者=教育者

会社も伸びません。

幸せのかたちは人それぞれです。しかし、社員を愛さない限り、幸せにすることはできません。社員を愛するとはどういうことか。愛して育てるとはどういうことなのか。そう考えながら接するだけでも次第に変化は生まれるでしょう。それなしに「稼げ！　売上を伸ばすんだ！」といったところで、経営者に愛がなければ社員が成長することはおろか、期待通りに働くわけがないのです。

給与以上の価値の所在

この会社に入ってよかった、と思ってくれている社員でなければ、いくら給与を上げても、いくら福利厚生をよくしても続かないでしょう。働く理由が給与だけなのであれば、目の前の仕事は稼ぐためのものだと割り切って、給与以上のパフォーマンスを発揮しなくなってしまうからです。

しかし、会社や仕事自体に価値を見いだし、「この会社でよかった」と思える社員がいれば、この会社のために命を懸けよう、とすら思ってくれるでしょう。経営者に近い目線で仕事に取り組んでくれる、ナンバー2候補にもなりえるかもしれません。

すなわち、命を使う価値＝使命感がこの差を生むのです。この会社、この仕事に自分の命を使う価値があるとわかれば、その仕事に対する使命感が燃え上がるのです。

それは経営者みずからが「この仕事には命を懸けるだけの価値があるのだ」ということを心から思い、行動で示していることが大前提です。その上で、自分の想いや体験してきたことを何度も伝えることで、それに応える社員が出てくる。社長と共に命を懸ける価値があるんだと、この人についていこう、と。その流れはどんなにすばらしい人事制度をつくるよりも、新規事業をはじめるよりも、いい会社としての成長をもたらし、良い会社としてどんどん伸びていくことにつながるのです。

この流れを理解するのはそんな難しいことではないと思います。むしろ「こんな単純なことで」という話なのです。経営者がそのことに少しでも気づき、変わることができれば、社員も会社も、簡単に変わるのです。

それに気づかないまま、社員と向きあうことをないがしろにして、儲け方や人脈のつくり方、枝葉末節のHow To Doばかりを追い求めることは、もうやめてください。どうでもいいHow To Doは一旦、すべて捨て去ってしまいましょう。

本当に大切にすべきHow To Beに集中すれば、会社はおのずと伸びていきます。

「いい会社」づくりの「土台」を露わにする4つの問い

「いい会社」づくりの土台となるのは、社員が誇りに思える会社かどうかです。

そして、かかわる家族、お客様、取引先、株主、地域、社会から賛同・評価が得られる会社にしていく。

経営者は、そのために本気にならなければなりません。

そのためのポイントとなる問いが、次の4つです。

① 会社のビジョンが社会の求めることに合致しているか？

②経営者の言葉、行動が揃っているか？
③この会社、この社長と出会えてよかったと社員や部下が本気で思っているか？
④社員、家族、お客様、取引先、株主、地域社会から「いい会社」だと言ってもらえているか？

この4つを自問してください。YESという回答が得られないならば、あなたの会社はどんなにいい技術を持っていようと、どれだけ有名になろうと、幅広い人脈・ネットワークをつくろうと、永続はできないでしょう。

この4つの問いに答えられるように取り組むのが、「いい会社」づくりの土台となることです。忘れないでください。

ここでお話ししてきたことを体現するためには、ぶれない経営のための幹となるものが必要です。社会性を生みだすための前提となる幹、つまり正しく強い経営の在り方を持つことです。これを「王道経営」と位置づけて本も書きましたし、機会あるごとにその真髄を発信してきました。

この考え方や要素については、このあと随所にも出てきます。「王道経営なくして永続なし」「いい会社となるためには王道経営でなければならない」と、ここでその覚悟を決めてください。

05

死生観が経営を左右する

神様から授かった波乱万丈な人生

もちろん私もはじめからこのような考え、覚悟を持っていたわけではありません。ここに至るまで波乱万丈とも言える人生を送ってきました。その経験があったからこそ、いまの自分があります。普通、平穏な人生を望む人の方が多いと思いますが、私は波乱万丈な人生だったことにむしろ感謝しています。それによって生き方、経営の仕方に自分なりの哲学が形成されたからです。中でも、命にかかわるような出来事は、人を大きく変えます。

私の場合は数年前、脳梗塞を患いました。そこで人生観が大きく変わりました。さらに幼少期にも、私の哲学と人生に大きな影響を及ぼす出来事がありました。

それは5歳のとき、ちょうど物心がつきはじめた頃のことです。バンにはねられ、5

メートルほど引きずられてしまったのです。そこに居合わせた人が「即死だ……」と思うくらい、周りに血の海が広がったそうです。実際、母に「ご子息が交通事故で即死されました……」という連絡も入ったようです。

一命をとりとめたものの、医者にも「歩くことは一生無理だ」と宣告され、車椅子で退院しました。普通ならば、そこから一生車椅子生活を余儀なくされたと思います。

退院後、母に言われて鮮明に覚えている言葉があります。「あなたは一度死んだ命だけれど、神様はそこで見放さず、人の役に立つように特別に命をくれたのだ。人のために強く生きるのよ」。

そして、「でも、一つだけ神様がくれなかったものがある。足だけはくれなかったから、一生歩けないけれど、それを受け入れなさい」と。

そのとき、私はまだ5歳ですから、母のその言葉の意味がピンときませんでした。「いや、お母ちゃん、僕は歩けるようになるよ」と言った私の言葉を聞いて、母は号泣していました。無邪気でまっすぐな私の言葉が母には耐えられなかったのかもしれません。母の涙が物語るように、私の足は一歩も動きませんでした。まったく歩けなかったのです。

それでも私は諦めませんでした。「絶対に歩いてみせるぞ！」と。

小学校の1年生、2年生、3年生と大きくなるにつれて、普通なら10分もかからずに学校に行けるところを、私は1時間近くかけて通っていました。その姿を見た周りの人は「危ないからやめさせなさい！」と母に忠告するくらいだったそうですが、それでも私は諦めたくなかったのです。毎日、毎日、歩くことへの挑戦をやめず、ひたすら続けていく中で、小学校の6年生になった頃には、なんと歩けるようになったのです。

いま考えても人間の体とはすごいものだな……と思わざるをえません。5歳で事故に遭い、歩けるようになる6年生の12歳に至るまで、ひたすら単純に毎日歩き続けたことがリハビリとなったのです。

このひたすら挑戦を続けた千日回峰行《せんにちかいほうぎょう》のような日々を通じ、私が確信したのは、「自分の意志さえあれば何でもできる」ということです。

死んだ気になればできないことなど一つもない

この体験が私にとっての「挑戦の人生」のはじまりとなりました。この原体験があったからこそ起業という困難しかない道を選択し、ＮＴＴ（当時の電電公社）のような大企業に立ち向かっていく、私の「魂のベース」ができあがっていったように思えます。

私は、もともと起業するつもりはありませんでした。ただ、些細なきっかけがありました。サラリーマンとして会社に就職してからというもの、納得できない問題や壁にぶつかることが幾度かあり、「これはどういうことなのだろうか」と、いろいろ考えるようになりました。その最たるものが電電公社による通信事業の独占でした。「高度情報化社会を迎えようとしているのに、古いままの電話機にずっと同じ料金を支払い続けるなんておかしい」と、憤りを感じると同時に、市場性にも気づいたのです。

この矛盾を打破するために「電話機を直接、消費者に売っていこう。よし、自分はこれをなりわいにしよう」というところから会社を興したのです。いわば正義感からくる使命感が私のいまをかたちづくったのであり、フォーバルという会社のベースとなりました。

しかし、いくら正しいことだとしても、相手は独占企業である電電公社です。周りからは「そんな無茶はするな」「やめた方がいい」と言われ続けました。ですが、そうした声には一切耳を貸さずに会社を立ち上げたのが26歳のときです。相手の規模は関係ない、とみずからに何度も言い聞かせながら。

普通ならギブアップしてしまうような挫折の連続でした。それでも、歩けるようになるまで諦めず、ひたすら、ひたむきに歩き続けた「挑戦の原体験」が私にあったからこそ、巨大な存在にも立ち向かえたのだと思います。結果として創業から5年、フォーバルが仕掛けた民間による電話機販売が市場の半分を占め、電電公社が民営化されるまでになったのです。

その後も、新電電がスタートした際、電話をかけるときに自動的に安い回線を選ぶ「NCC・BOX」を開発して無料配布することで、市外通話でもNTTの独占に風穴をあけるという快挙を孫正義さん（現ソフトバンクグループ会長兼社長執行役員）と実現したのです。こうして起業家としての私も、やはり波乱万丈な経験を重ねながら己の経営哲学を磨き、実践し、会社を成長させながら今日まで継続させることができました。


ですが、前述の通り、2016年に脳梗塞で生死の境をさまようという経験がありました。担当医からは、それまでの無理がたたった、と言われました。

今度は手足が動かない、言葉も話せないという、経営者として絶望すべき状態で入院生活が続きました。はじめは非常に不安でしたが、私は「この出来事には意味がある。神が与えた試練だ。神様がいるとするなら、有り難いな」と考えるようになりました。

なぜなら、経営者としての一番大切な能力、すなわち、耳が聞こえて、目が見えて、頭がしっかりと働いてくれていることが確認できたからです。今後はいままでのように自由に動けないかもしれない。しかし、社員の話す言葉をちゃんと聞き、資料を確認し、判断することはできる。経営者に一番大事な「意思決定の力＝判断能力」というものを神様は残してくれた。これには感謝しなければ、と率直に思ったのです。

いまその意味を自分なりに解釈しているのは、あのまま無理を続けていればこの世から去ることになっていただろう、ということです。神様はそのことを私に気づかせてくれたのだと思っています。右半身に麻痺は残った状態でしたが、私は失ったものを嘆くのではなく、「今日からまた新しい体に生まれかわったのだ」と思うことに決めたのです。

「今日、このときから、かつての交通事故を思いだして、もう一度復活してやろうじゃないか」。そう思って退院するなり、即、リハビリの専門病院に入院することを決めました。

そこでリハビリをはじめたわけですが、最初は全然思うようになりません。周りの人はすぐに音を上げていましたが、私は負けず嫌いなので、5歳の頃のように必死に諦めず、リハビリをひたすら続けました。すると、なんと2週間半くらいで立てるようになり、そろりそろりと歩けるようになったのです。そして3週間でたどたどしくも話すこともできるようになり、手も少しずつ動かせるようになりました。

やる気になれば、やはりなんでもできるんだなと思いながら、「よし、今日から毎年よくなると決めたぞ」といって、家族に「誕生日を祝うケーキを買ってきてくれ」と頼みました。

「私は今日から新しく生き直していく。だから今日はその最初の誕生日だ」と家族に宣言しました。以来、毎年成長するための目標を定め、日々トレーニングを積んでいます。お医者さんをはじめ、看護師さん、理学療法士さん、社員など、周りの人の協力もあり、少しずつですがよくなり、地方で講演をすることもあれば、このように執筆することもできるようになっています。

病が変える価値観

脳梗塞という病が私の価値観、ひいては人生観を変えてくれました。いままで見えていなかったものを見えるようにしてくれました。それは「感謝」です。これは学校では教えてもらっていませんし、どんな本を読んでもわからなかったことです。それを病だけが教えてくれました。感謝ということの本当の意味が、私の中で「すとん」と腹に落ちたのです。

いまの私は道を歩くにもクルマに乗るのも、人のサポートがなければできません。あるホテルでは手を洗おうとしていたら掃除のクルーが手伝ってくれました。タクシーの運転手さんも自分が先に降りて、家の玄関まで送ってくれます。会社では社員がいろいろと面倒をみてくれます。こうしたすべての人に、心から丁寧に「ありがとう」と思うようになりました。つまり、自分は生かされているのだ、と気づいたのです。

負けず嫌いの性格ですから、病になる前は常に競争に身を晒して、常に他者の存在を意識していました。電車に乗るときですら「我先に」と人より早く乗り込む自分がいましたが、いまはそれができません。もはや、「その次の列車でもいい」と考えるようになりました。「人との競争はやめよう。自分は自分でいい」そういう境地です。いままでの自分が気づかなかったようなたくさんのことを、今回の病が気づかせてくれました。

誤解を恐れずに言えば、脳梗塞になってよかったと思っています。そうでなければ人に対する感謝をいまほどには感じられない人間のまま一生を終えたかもしれないからです。

諦めないことの強さ

理学療法士の世界に「回復限度」という言葉があります。私はこの言葉が嫌いです。中にはリハビリ中に諦めてしまう人もいます。人それぞれ事情がありますから、一概に言うことはできませんが、少なくとも私はその回復限度を弾き返すことができた、と言えます。「やろう」と決めたこと、はじめたことを諦めることなく、継続すること、ひたすら続けることは、人として大切な姿勢です。それは死ぬまで、あらゆる物事に同じことが言えます。経営者も同じように、死ぬまで日々学び続け、考え続け、教え続けなければなりません。

ただ、何の成長もなく続けるのはつまらないと思います。宇宙がどんどん進化して広くなるように、人間も生きている以上は進歩していく方がよりよいと思いませんか。肉体も精神も前を向いて努力することが、正しい在り方だと考えます。

「もういいや」と思うこと、目的を見失って熱意を注げないことをやる気も向上心もなく続けていることは、極端に言えば生きていながら死んでいるような状態とすら言えるでしょう。そこに病気も健康も関係ありません。パラリンピックの選手は、手や足が不自由でも、視力や聴力に問題があっても、あれだけ輝けるということを証明してくれています。持っていないもの、失ったものを悲しむよりも、いま持っているもの、残されている機能を使命と役割のために最大限に生かすこと。

それが生きることの意味であり、価値ではないでしょうか。

余命3ヵ月の発想

人間はいつ死ぬかわかりません。年齢が若ければなおのこと、まだ死なないだろうと、毎日毎日を大事に生きることができないのです。生死の話でなくとも、いつ何が起こるかは誰にもわかりません。諸行無常です。

明日、いまと同じように生きている保証なんてどこにもありません。一日一日を大事に生きる意味はここにもあります。ですが、心身が健康なうちは、そんなことは考えられないと思います。私もかつてはそうでした。しかし、普段から一日一日を大事にする気持ちを持って生きるということは、人生をすごく充実させることになります。

こう考えてみましょう。もし今日、「あなたの余命は3ヵ月しかありません」と言われたときに、何を求めるのかと。人間、日々さまざまな欲求や欲望を持っています。車が欲しい、お金が欲しい、出世したい、こんなことが多くの人の頭にあると思います。しかし、あと3ヵ月で死ぬとしたら、大事なのはそんなことではないことに気づくでしょう。死んでしまえば何も残らないのですから。

あと3ヵ月しかない人にとって、最も大切なのは心の安らぎです。それは、自分がこれまで生きてきた証、その意味を残すことによって得られるのです。あなたに会えて幸せだったと、どれだけの人から「ありがとう」を言ってもらえるかが生きている証であり、最高の財産だと、私は思います。これも私の経営哲学を支える、人としての大事な「在り方」の一つです。

ぜひ皆さんも、余命3ヵ月の発想で、自分にとって何が大切なことか考えてみてください。それが見つけられたとき、一日一日を大切に生きるための重要なヒントとなるはずです。

06

企業の在り方を社是とビジョンで定める

「三方よし」のビジネス

人間には誰しも人生観があります。企業にも同じように会社観が在るべきです。会社観を表すもの、それが理念であり、ビジョンです。

いまの会社を創業してから数々の挑戦をする中で、私の人生と会社の道筋を決定づけた挑戦を挙げるとすれば、前述した孫正義さんと一緒に取り組んだ「ＮＣＣ・ＢＯＸ」事業です。

その当時「世界一高い」と言われていた日本の市外通話料金値下げへの挑戦は、いま思い返してもたくさんの障壁を乗り越えた結果、ようやく実現にこぎつけたものでした。どうしてこの困難を乗り越えていくことができたのか。ここでは不可能と言われたことを可能にした、その背景にあるフォーバルの理念・ビジョンを示す「社是」についてお話しします。

この事業では、私たちはお客様に無料でアダプターを配布して、これまでと変わらない操作方法で自動的に一番安い市外通話サービスが利用できる環境を提供しました。

「無料で？」「じゃあ、フォーバルはどこから売上や利益を得るの？」となりそうですが、私たちはお客様が市外電話を使い、新電電に通話料収入が生まれた後、利用者数や通話料に応じて新電電から当社にインセンティブが支払われるという仕組みをつくりました。役割としては、当社がお客様を開拓し、新電電へユーザーとして紹介します。新電電はお客様へＮＴＴよりも安い市外通話サービスを提供する、という分担になります。売上や利益という点では、お客様と当社が直接かかわることはありません。しかし、ＮＣＣ・ＢＯＸ

はどんな会社でもニーズがあり、リスクのない商品ですから、フォーバルは多くの新規のお客様とスムーズかつ広い接点を持つことができます。つまり、将来的に他の商品・サービスを提案できる潜在顧客を獲得することができるわけです。すなわち、三者に利がある状態「三方よし」のビジネスモデルになっています。

私はビジネスで成功するための要諦は、この「三方よし」の構図をつくることにあると考えます。では、どうしてＮＣＣ・ＢＯＸ事業はこうした構図を描くことができたのか、成否をわけたポイントをいくつかご紹介しましょう。

１つ目のポイントは、ＮＣＣ・ＢＯＸを「無料で配る」という方法を採用したことです。新電電アダプターを開発したこと自体、もちろん画期的なことではありますが、有料で販売していたらうまくいかなかったでしょう。

なぜなら当時の日本人にとって「電話会社＝ＮＴＴ」という認識ですから、「新電電につながる機械を買って」と言ったところで誰も買ってくれません。使ったことがないのですから仕方ありません。したがって私たちが採ったのは「温泉まんじゅう方式」でした。

土産屋の店頭で無料で試食ができる温泉まんじゅうと同じように、新電電も「まずは無料で、使ってみてください。本当に料金が下がったら、買って（継続して新電電を使って）ください」としなければ困難だと考えたのです。お客様にアダプターをお渡しする時点ではお金が入ってきませんから、勇気がいる決断でしたが、この展開方法を採用して成功することができました。

2つ目のポイントは、諦めなかったことです。商品開発やマーケティングもいろいろ苦労しましたが、特に大きな壁として立ちはだかったのは資金調達です。

たくさんアダプターをつくらなければなりませんでしたが、フォーバルもソフトバンクも当時はお金がありません。あらゆる銀行に足を運び続けましたが、我々の売上・利益の水準からはあまりにかけ離れた資金が必要だったため、融資がおりなかったのです。当然と言えば当然です。

いよいよ打つ手がなくなり、諦める寸前まで追い込まれたとき、ある流通大手の経営者が手を差し伸べてくれました。私たちの話を聞き、「これは社会の役に立つ素晴らしい事業だ」と、半分近い資金を提供してくれたのです。さらに、残りを融資してくれる銀行も紹介してくれたことで事業のスタート地点に立つことができました。もし、銀行を回っただけで資金調達を諦めていたら事業は立ち上がらず、私たちフォーバルも孫さんのソフトバンクもなかったかもしれません。

なぜ、それを続けられたのかと言えば、「この事業で儲けよう」という経済性ではなく、「日本の通信事業をよくしたい。通信をより使いやすいものにしよう」という「社会性」を第一に考えたからです。資金面で多大な協力を得ることができたことも、私たちがやろうとしていることの「社会性」を高く評価していただいたからだと思っています。

変えてはいけない在り方「社是」

私たちは、さまざまな事業に挑戦してきましたが、共通するポイントはフォーバルがタグラインとして掲げる「新しいあたりまえ」です。

消費者にとって不便な常識、おかしなあたりまえに着目し、覆すことのできる新しいビジネスモデルをつくり、提案することで電電公社を中心とする大手通信会社が囲い込んでいたマーケットに切り込んでいきました。

私たちはいまも、そしてこれからも時代の進展の中で出てきた商品・サービスを、中小企業でも導入しやすく、さらに意味を持って活用していただけるようにするにはどうすればいいか、という視点で新しいビジネスモデルを構築し続けていきます。

私たちフォーバルは、時代の流れと要請の中で企業としての姿を大きく変えてきましたが、変えてはいけないことととして守り続けているものもあります。それは企業としての「在り方」である理念と、目指すべき姿であるビジョンを示す「社是」です。

図1-8　フォーバルグループの社是

社是

フォーバルグループは社員・家族・顧客
株主・取引先と共に歩み 社会価値
創出を通して それぞれに幸せを
分配することを目指す

そのため

創意工夫をこらし 絶えず「革新」に
挑戦する

顧客に愛される「真心」のサービスを
大切にする

社員が安心して力を発揮できる
「場」作りに努力する

世界・未来に目を向け「社会が
求める真の価値」を追求する

また、企業文化についても「新しいあたりまえに挑戦する」「家族主義」「実力主義」はずっと変えていません。変えてはいけないこととしてずっと大事にしているのは、すべて在り方＝How To Beです。

一方で、時代に合わせて変えなければいけないことは、「モノの売り方とサービスの内容」です。何をすべきか、どうするかというやり方＝How To Doです。この2つの優先順位と差異をバランスよく保ちながら、私は社員に向けてことあるごとに想いを発信し続けています。

ここに掲げたものが「変えてはいけないもの」として私たちが守り続けている社是です。この社是をつくるとき、私は「企業とは何か」を最初に考えました。考えに考え抜いた結果、会社は社員だけのものでも、株主だけのものでもなく、そこにかかわるすべてのステークホルダーがあってはじめて存在できる、みんなのものだという結論に至ったのです。

そう考えると、大事なのはステークホルダーの中での幸せの分配順位となります。この順位を決めるのに非常に苦慮しました。当時、参考にしていた他社の社是は必ず「お客様」を最上位としていたからです。もちろんお客様が大切であることに異論はありませんが、どうしても違和感が残るのです。悩みに悩み抜いた結果、私は社員・家族をお客様より上位にしようと決断しました。私の想いに賛同し、大切なお客様に商品・サービスを提供し、ビジョンを具現化してくれるのは社員だからです。

しかしながら同時に、その社員・家族に幸せを感じてもらえるのはお客様のおかげですから、「お客様あっての私たちの生活」であることも忘れてはならないのです。サービス・商品を提供する会社はおしなべてお客様に生かされています。そのことを社員に教え続けるのも、トップである私の役割です。

07

あらゆる物事の分水嶺となる「決断」の考え方

出会いと決断

私は稲盛和夫さんから、人生の結果を左右する要素として、その人間の「考え方と熱意と能力で決まる」と学びました。これは、多くの経営者が異口同音に仰っていることでもあり、皆さんも聞いたことがあるかもしれません。

しかし、私はこの3つに加えて、2つの要素が重要だと考えています。そのひとつは「出会い」。そして、もうひとつは「決断」です。つまり、人生の結果は「考え方×熱意×能力×出会い×決断」この5つの要素で80%が決まるという考え方です。

残りの20%には3つの要素があります。その一つは「時」です。何かをはじめる「時」

図1-9　人生の結果を左右する8大要素

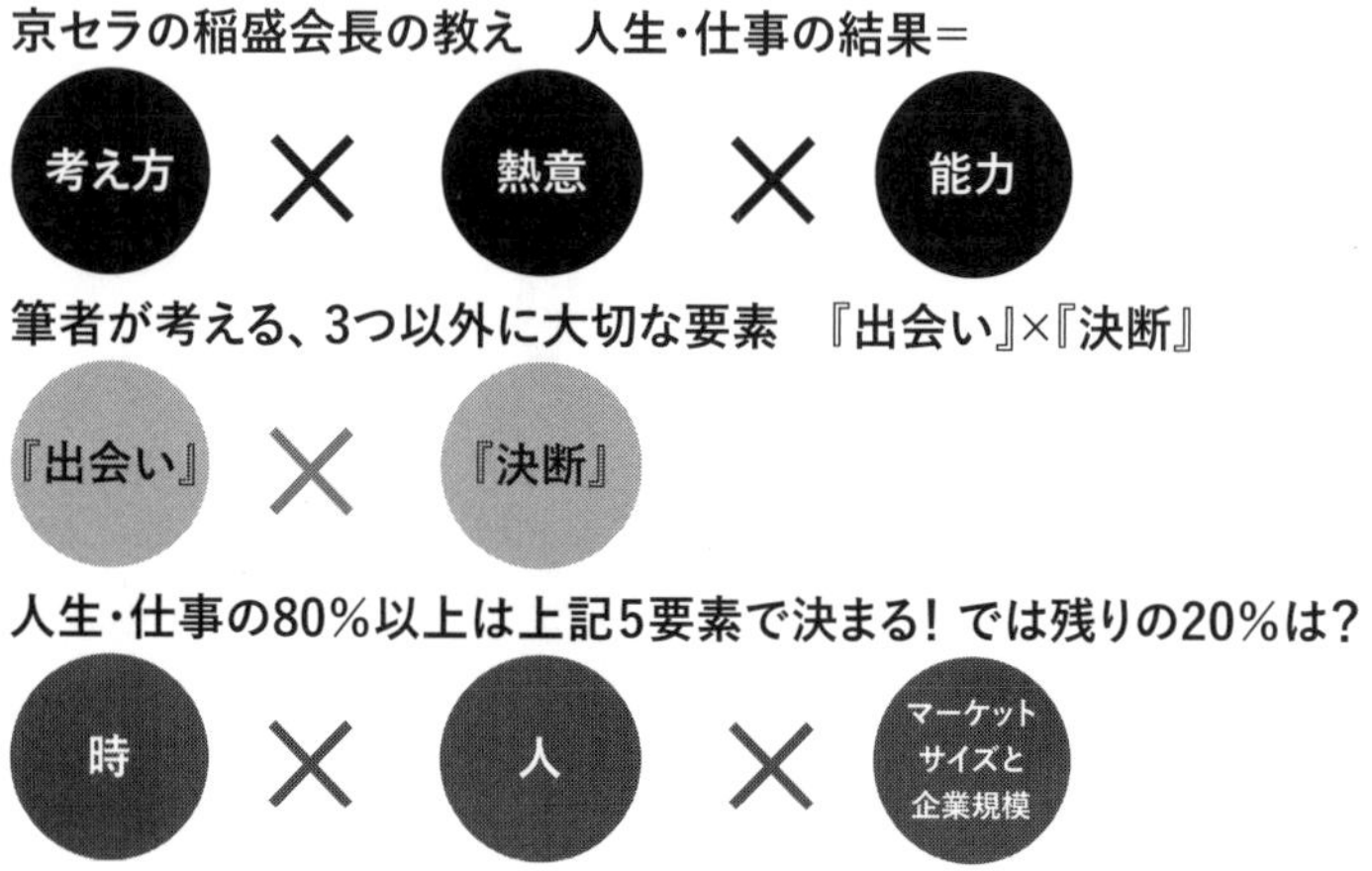

は、物事の成否を大きく左右します。タイミングを外してしまえば、他の要素がすべて揃っていたとしても成功させることはできません。さらに、それにかかわる「人」。それから「マーケットサイズと企業規模」。この3つも含めてすべての要素を正しくリンクさせて調和できたとき、ほぼ100％成功するのです。

反対に言えば、成功しない要因は次のように考えることができます。

・考え方が間違っている
・熱意が足りない
・能力が足りない
・出会いがまずかった
・決断を誤った
・時期が遅すぎた／早すぎた

・適していない人に任せてしまった
・身の丈に合わない事業に手を出してしまった
この8つの要素が物事の失敗要因になります。

あなたの人生は、決断の連続です。何を食べよう、誰と会おうといった小さなことから、在るべき答えをどう出すべきかという大きなことまで、すべてが決断の連続です。その一つひとつの選択において、正しい決断をすることが、実はあらゆる物事の成功と失敗を大きくわける分水嶺になります。

また、人生には、両親や先生や上司のように選べない「出会い」と、友人のように選べる「出会い」があります。私は、この選べる「出会い」をみずからコントロールすることも、人生を大きく左右すると考えています。

私の場合は京セラの稲盛さん、ソニーの盛田さん、ソフトバンクの孫さんとの出会いによって人生が大きく変わったと感じています。私がフォーバルの会長だからこうした人たちと出会えたのだ、と思われる方もいるかもしれませんが、そうではありません。私が3人と出会ったのはいまから40年近くも前、まだ世間においてほとんど誰も私のことなんて知らなかった頃の話です。

明・元・素

まだ何者でもない私が、なぜそのような方と出会うことができたのか、もう少し掘り下げましょう。

「よい出会いをしている」「成功している」という人の共通点は「明・元・素」の3つを持ち合わせています。成功する経営者の方々はみな「明るく」「元気」があることに加えて、新しい価値観を受け入れる「素直さ」があるのです。

「明るさ」ということを例にとって説明しましょう。

これはお笑いタレントのようにいつもバカ騒ぎしているということではなく、ものの考え方のことを意味しています。たとえば、業務命令で「未開の地に行って靴を売ってこい」と、言われたときの捉え方に違いが出ます。

普通であれば、「社長、無理です。相手は全員、もともと裸足なんです。靴なんか売れませんよ」と考えるでしょう。ところが京セラの稲盛さん、ソニーの盛田さん、ソフトバンクグループの孫さんであれば、「なんて大きなチャンスなんだ！」と捉えるはずです。この違いがわかりますか？　「明るさ」を持っている人は、「全員裸足なら、誰一人として靴のよさを知らない。もし、彼らが靴を履いてそのよさがわかったら、全員が靴を履くに決まっているじゃないか」と考えるわけです。私の出会った成功者は、このように物事のいいところを見いだす考え方をしているという共通点があるのです。

すなわち、一般の人は「今」という現象を見て「裸足だから売れない」と考えます。一方、成功している人は「明日」を見ます。If Then／もし彼らが靴を履く喜びを知ったならば、全員靴を履くはずだ、と考えるわけです。

このように、ある事象から未来に対する可能性を見いだし、考え、決断し、壁を乗り越えようと戦うのが経営者として必要な資質、「明るさ」です。その反対に、いまの不足ばかりに目を向け、考えるのをやめ、行動しないのが普通の人です。はじめから挑戦することを放棄しているということです。このように「まず物事を明るく考える」ことができるか、できないかで、物事の成否がほとんど決まってしまうことがわかるかと思います。

また、3人共「元気」ということも共通しています。元気な人は毎日が充実していて、やること、やりたいことで満ちあふれているからだと考えます。経営者には基本的に定年というものがありません。「まだまだ頑張ろう」「自分がやらねば」と思っている方は70歳でも80歳でも元気です。孫さんをはじめ、私と同世代で活躍している経営者は、世間一般の同年代の人たちと比べて、圧倒的に元気です。

経営者であれば、まず物事の考え方を「明るく」してください。明るさの資質を備えることができれば、一日一日をもっと「元気」に生きることができるはずです。そして最後に、あらゆる物事に対して「素直」になってください。時代は常に変化するからです。新しい価値観を素直に受け入れることができない人は、変わりゆく時代に適応することができません。また、人からいい情報をもらっても生かすことができません。

この在り方そのものを「決断」できた人には、必ずよい「出会い」がやってきます。

08

考えて考えて考え抜いたその先に「独自性」が生まれる

独自性は社会性の向こう側にあるもの

経営判断を下す上で「社会性」が一番大事であることは、これまで何度も繰り返してきました。「社会性」に力点を置いた経営をしていれば、自然とそこに「独自性」が生まれてきます。

つまりお客様のためにどうすればいいか、何をしたらいいか、考えて考えて考え抜けば、やればやるだけクリエイティブな企画や発想が生まれ、必然的に「独自性」が生まれるはずだという考えです。逆に言えば「独自性」が生まれていないということは、「社会性」を本当の意味で考え切れていない、ということです。「独自性」は「社会性」を追求した結果、もたらされるものだと考えてください。

「独自性」とは「誰もやっていないこと」です。あくまでも「社会性」第一で追求し続けた結果、「誰もやらないこと」「気がつかないこと」に到達する、ということを意味します。「独自性」というと、何か突拍子もないことのように聞こえるかもしれませんが、そうではなく「社会性」があるところから派生的に生まれることだと考えてください。その「独自性」がビジネスの理に適っていれば、結果として「経済性」へとつながります。

ここで強調しておきたいのは、社会性、独自性、経済性はすべてがつながっていて、切り離すことができないものであるということです。その優先順位についても崩すことができません。

「社会性」がいい加減ならば「独自性」が生まれてこない。「独自性」がなければ「経済性」

図1-10　独自性は社会性の向こう側にあるもの

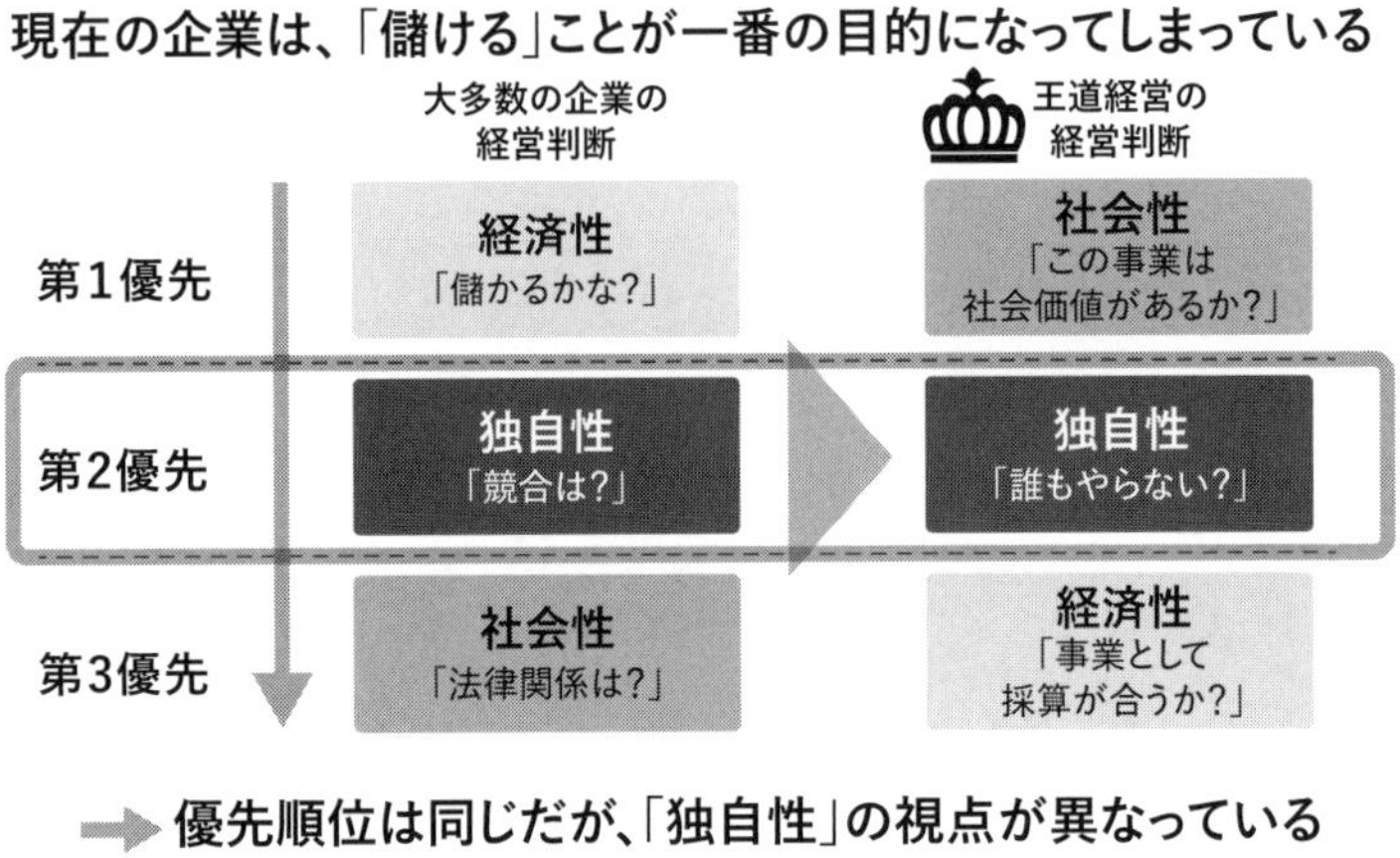

も生まれてこない。したがって、冒頭から「在り方」、How To Beの考え方をベースとして持つことの重要性をお伝えしてきましたが、ビジネスをつくっていく上で一番重要なHow To Beは、社会性を本気で考え、追求するということです。あくまで社会性から考えることが、すべての土台となるのです。ここを怠れば、次のステップの独自性に進めません。

なんともシンプルな考え方だとは思いませんか。

独自性を追求して、極める

「独自性」があれば、自社を他社と差別化することができます。たとえ中小企業や零細企業であったとしても、その分野ではオンリーワン、ナンバーワンの存在となるので強力な武器になります。

「独自性」は、企業の存在意義である「どうしたら社会に貢献できるか？」という「社会性」と、「適正な利益を得て継続できるビジネスか？」という「経済性」をつなぐキーファクターでもあります。私と話をする機会が多い経営者の中にも、「社会性」への想いは十分あるものの、残念ながら「独自性」の追求が足りていない人がいます。なぜなら、「経済性」がついてきていないからです。「独自性」の追求を極めることができれば、もっともっと「経済性」がついてきていいはずなのです。それぞれが相関している要素ですから、「独自性」が弱いということは、結局は「社会性」も弱いということです。経営とは、突き詰めればこの3つの要素のバランスから成り立っていると言えます。「経営がうまくいかない」と悩んでいる人は、何度でもここに立ち返り、検証する必要があるということです。

ここで、特につまずきがちな「独自性」を高めるための要素を6つにまとめておきます。この6つを絶えず追求し続けてください。

①「独自性」は社会性を追求した結果として生まれる
②他社が手を出さない領域へ挑戦する
③お客様と徹底的に向き合う
④「こと」の提案者になる

⑤ 社員こそ一番の差別化要素となる
⑥ 新しいことへ挑戦するための風土づくりも不可欠

「独自性」が足りていないと感じている場合は、この6つを大きな紙に書いて、いつでも見えるところに貼っておいてはいかがでしょうか。

出発点は「誰かの役に立つんだ！」という意思

企業は本来、社会の抱える問題点や不便を解決するために存在するのが在るべき姿、という話をしてきました。ならば出発点は「儲けよう」ではなく「役に立とう」で在るべきです。

ただし、社会に役立てることに気づいたとしても、「具体的に何からはじめていいかわからない」「本業と離れすぎている」「ノウハウがない」「時間がない」「人手が足りない」「イメージはあるが、どうやって商売に結びつけるかわからない」などのように、できない理由を挙げて「何もしない」人がほとんどです。当然、そういう会社には「独自性」が生まれません。経営者がそういう意識では、「社会性」に気づいていてもそこから先に進めないのです。

「独自性」は、お客様に対して「どうすれば、どうすれば」「これでもか、これでもか」と考えて考えて考え抜いていくことで、おのずと新しいアイデア、企画、商品、サービスの発想の種が生まれるのです。はじめは言語化することが難しくても、みずから手足を動かして本気で考えて動いてみることで、少しずつ自分の中で見えてくるもの、気づくことが出てくるようになります。そのために一番必要なのは、誰かに対して「役に立つんだ！」という本気の思いです。誰かの困り事を自分事に捉えることなくして、「独自性」は生まれません。頭で考えるだけでなく、体でも、魂でも考えるようになり、はじめて「独自性」を追求することができるようになるのです。

09

「社会性」「独自性」「経済性」は不可分の1セット

東日本大震災を機に社会性に目覚めた、とある経営者の事例

ここで「社会性」に目覚め、「独自性」を発揮された経営者のお話をします。とある美容院をグループ経営する、男性経営者の話です。彼は若くして上場企業の役員となる順風満帆の人生でした。ですが35歳のとき、２０１１年3月11日に発生した東日本大震災を機に「企業の社会性」に目覚めました。

縁もゆかりもありませんでしたが石巻で起業し、雇用と納税で貢献すると共に、最も被害の大きかった被災地発の事業で日本を元気にするのだと、上場企業の役員を辞してこの事業に打ち込んだのです。「被災地のために」ということを考え、寄付やボランティアで協力された方は、日本全体にたくさんいらっしゃったと思います。しかし、彼は「社会性」をベースに、経営者にしかできない復興支援を志したのです。

彼が挑戦したのは、美容室業界全体が抱える課題の解決です。被災地のみならず、日本全体を元気にしたいという、高い志がうかがえます。

その課題とは、時間に制約のある人材でも働きやすい環境をつくることです。実は美容師免許を持っている人は全国で135万人いますが、実働している人は半数以下の54万人しかいません。なぜかと言うと、結婚や出産を機に美容師を辞めてしまう人が多いという現実があるからです。これまでの自身の知見や経験を生かし、この課題を解決するため取り組んだのが、保育士が常駐するキッズルームを併設し、働き方に対する多様なニーズに対応できる美容室を展開することです。いまでこそキッズルームを職場に併設する、という発想はそこまで珍しくはなくなりましたが、その当時では非常に珍しく、独自性の高いビジネスモデルとなりました。

彼が大切にしているのは「公益と収益の両立」です。いくらよい取り組みでも、収益がなければ継続して発展することはできず、あらたな雇用も生みだせません。ボランティアと大きく異なるのはこの点です。この本を書いている時点では、店舗は約40店を数えるまでになり、雇用数も収益も右肩上がりということですから、経済性も確立できています。

図1-11　とある美容院グループが実現している社会性、独自性、経済性

社会性 「この事業は社会価値があるか？」	・被災地支援 ・地域支援 ・制約人材でも働きやすい環境づくり
独自性 「誰もやらない？」	・震災直後、石巻で起業 ・あえて5〜20万人規模の都市に出店 ・社員・家族の多様なニーズに応える
経済性 「事業として採算が合うか？」	・約40店舗へ拡大中。雇用数も収益も右肩上がり ・上記はFCも含み、日本全国に広がる ・本社・石巻市に納税で貢献

次に記しているのは、現在、その会社がビジネスを通じて解決することに挑戦している社会課題です。創業の想いを大切にしつつ、独自性を高め続けています。

・人生１００年時代に向け、健康なうちは、60歳でも70歳でも働ける職場をつくる
・来店できない高齢者に向けては訪問対応をする
・あえて過疎化地域に出店し地域コミュニケーションづくりに貢献する
・売上も利益も大事だが、社会的インパクトとして、「時間に制約のある人材」の雇用数をいかに増やすことができるのかを重要視する

ここで、この企業の取り組みを「社会性」「独自性」「経済性」のカテゴリーで整理して

みました。

これは実際に実現するのは簡単ではありません。経営者であれば、それがよくわかるでしょう。

たとえば、読者のあなたがいま、上場企業の役員だとします。その立場でありながら、被災地に飛んでいって、その惨状を見た瞬間に、いまの立場をなげうって、ゼロから起業しようと即決することができるでしょうか。

惨状を目にしたその土地で、美容室業界をベースとして雇用をつくって納税することまで考え、働ける条件に制約がある人に働ける環境を提供しよう、と考えて行動を起こせるでしょうか。

私は、「成功の反対は失敗ではない、何もしないことだ」という言葉を大切にしています。

これを彼は、そのまま実践したのです。それは「社会性」を満たした経営者の在り方を体現したもので、それを否定することは誰にもできないでしょう。

第2部

How To Beから How To Doへ接続する

TRANSFORM FOR THE FUTURE
THROUGH “HOW TO BE”

01 How To Beとは、あなたと企業の強さ

How To BeからHow To Doへ

ここからは、How To Doの話をしていきます。と言うと、ここまでの内容を踏まえればなおさら、「How To Doの話？ 矛盾しているのでは？」と感じるかもしれません。正確に言えば、「How To Beという土台の上にあるHow To Do」についての話をしていきます。

経営者、特に中小企業経営者の中には、企業の本来在るべき姿、在り方を考えず、「どうすれば儲かるだろう」「その儲け方を知りたいんだ」といったHow To Doにとらわれてしまう方が非常に多くいます。経営者に限った話ではなく、市井に生きる方であっても同じことが言えますが、その「やり方」でうまくいくことはない、と断言できます。

これを「How To Doの病」とでも呼びましょうか。この病に、国内99・7%の割合を占める中小企業の経営者が陥っている状況を、変えたい。「やり方」ではなく「在り方」こそが重要であると伝えたいのです。

すべてのはじまりはHow To Beにあり、そこから学んでいく必要があることを第1部で皆さんにいろいろな角度からお伝えしました。

次のステップ、皆さんが物事やビジネスを考えていくときに、How To BeからHow To Doにどうやって「接続」すればよいのか、まずはその概要をお話ししていきたいと思います。

諦めない勇気と諦めない心の源泉

「社会性、独自性、経済性」については、すでに第1部で皆さんの耳にタコができるくらい訴えてきました。この企業経営における3つの重要項目とその優先順位については、経営者はもちろん、社員も含めてすべての人が理解しておくべき考え方であり、王道経営の基本です。私自身、この考え方をベースに会社を大きくし、社会に貢献することができていると自負しています。ですからこの3つの要素は私、大久保秀夫の経営哲学であり、「How To Be」の中でも土台となる部分です。ゆえに、第2部についても「社会性」「独自性」「経済性」からはじめていきます。

「社会性＞独自性＞経済性」とは、企業がどんな商品・サービスで社会に貢献し、どう役立つか？　という問いを立てることです。儲かればいい、面白そうだからいいということではなく、「この商品・サービスは、本当に社会の役に立つのか？」という視点から企業の在り方を考えるということです。企業とは、どんな業種・業態であっても、どんな規模であっても、社会に役立つからこそ存在意義があるのです。

企業は社会に対して貢献する存在である、という大前提がなければ経営を続けていくこと自体が困難です。商品・サービスの寿命という意味だけでなく、「ただ儲かればいい」という考えで経営している経営者は、何か困難にあったときにすぐに諦めたり、投げだしたりしてしまうためです。どんな動機であれ、前提となる企業の存在意義がしっかりしていれば、うまくいかなくても、困難にぶつかっても、そう簡単に心折れることなく、何とか諦めずにあらゆる手段を講じて乗り越えようという勇気と意欲が生まれます。

私が2万人を超える経営者との交流を通じて見いだした真理は、成功するか失敗するかは、諦めるか諦めないかの違いでしかないということです。この諦めるか諦めないかの違いを左右するのが、あなたや会社の存在意義、在り方なのです。

02 How To Doを「社会性」からはじめよ

生きる目的を言語化し、ビジネスにする

この在り方の強さは、「社会性にかける純粋な想い」に結びついています。この「社会性」の部分がしっかりしていて、お客様のために、これでもか、これでもか、どうすれば、どうすればと真剣に突き詰めて考えていけば、おのずと「独自性の発想」が浮かぶことはお伝えしてきた通りです。

社会性がなければやる意味がない。独自性がなければすぐに真似されてしまう。となれば経済性がついてきません。「社会性、独自性、経済性」は三位一体であり、だからこそ「いの一番に社会性を考えること」の重要性を訴えてきました。

言い換えれば、「あなたは何のために生きるのか？　その目的を言語化して、ビジネスにしてください」ということなのです。

「何のために生きているのか」「何のために仕事があるのか」「何のための会社なのか」。こうした本質的な存在意義を明確にうたうことができなければ、お客様に対するアイデアが浮かんでくることはなく、一緒に働く社員も、仕事にやりがいや使命感を持つことはないのです。

経営者が、その本質をしっかりと捉えることはもちろん、社員に対してしっかりと教えるのが仕事です。第1部で触れた「経営者は教育者」のゆえんがここにあります。

HowToDoの強固な土台は「使命感」

経営者の皆さん、会社で働く社員のことをどのように見ていますか。「給料を払って、使ってやってるんだ」などと思ってはいませんか。それは一つの側面からしか見ていない経営者の考え方です。社員も自分の限りある命と、限りある時間を使って働いてくれているのです。経営者は社員に対して、給料や安心して働ける職場環境を提供するだけでなく、命を使うだけの意義を与えなければなりません。それが「使命感」です。

社長が本気で確信している会社の存在意義があり、それが社員にもきちんと伝われば、自分の仕事に対する使命感が生まれるはずです。それは一度言えば伝わるものでもありませんし、人は忘れていくものです。機会を見て何度も伝えるのが経営者の仕事です。もし、それをしない、できていない会社があれば、血の通わない組織になってしまいます。もらえる給料の金額や有給休暇日数を見て、その対価として決められた時間、決められた範囲でのみ仕事をこなす社員だけになってしまいます。その一方で、会社の存在意義を理解し、共感してくれた社員は、「私はこの仕事が好きだ。この会社でずっと働きたい。この会社やお客様のために貢献しよう」と、時間や対価を超えて高い「人間力」を発揮してくれるようになるでしょう。

そうした動機の源泉が使命感であり、経営者がその使命感を社員に共有すること、これが会社を在るべきゴールに向かわせるためのエンジンになるのです。社員と向き合うとき、「残業代を上げてやればもっと頑張るのではないか」「有給休暇をこれだけ与えていれば一般的には十分だろう」といったような考え方に終始していませんか。私はそこに本質があるとは思えません。

もちろん、社員が安心して働くことができるように環境を整えるのはとても重要なことです。そこは否定していませんし、私も経営者として力を入れていることではあります。

ただし、それだけでは社員を幸せにできないということです。仕事そのものの意義、会社の在り方、社長が社員を思う気持ちや日頃の関係性など、より精神的な部分の方が、会社を強くしていくための在り方として大きく影響するのです。

私はすべての経営者は、自分の会社や仕事を、「社員の生き甲斐のプラットフォーム」とすることに全力を注ぐ義務を負っていると考えています。

これから企業は財務的価値より非財務的価値、すなわち人の価値に重きを置いた人的資本経営の時代であるべきだという話が出ています。しかし、口では人的資本経営と言っておきながら、依然として社員は儲けるための道具、商品・サービスを広く売りさばくための機能の一つ、そのように見ている経営者がまだまだいるように感じます。

皆さんの会社では、社員が持つ本当の「人間力」を発揮できるような土台を整えてください。その土台とは、社員が共鳴・共感する会社の在り方、人としての心根を揺り動かす経営者自身の在り方、ここにあるのです。ぜひ人的資本経営の本質を見失わないでいただきたいと思います。

想像しましょう。

「当社は○○することで社会貢献を目指す！」と存在意義や目指す姿を社員に伝え、「よっしゃ！　やったるか！」と、経営者と社員が一心同体となっている会社の姿を。そこにはHow To Beがあり、自然とHow To Doが生まれてくる萌芽が見てとれます。

本書をヒントに、社員の心に火を灯して大きくしていく経営者が増え、１００年続く企業を目指す会社が増えてほしいと願っています。

03

変えるべきこと、変えてはいけないこと

１００年続く企業が大切にしていること

１００年続いた企業、２００年続いた企業に共通していることがあります。それは、創業者がつくった理念・ビジョンが、社是や家訓というかたちでしっかり残っていることです。長寿企業では、50年経っても１００年経っても、その内容や考え方を変えることはありません。その本意を代々の経営者が理解し、大切にすることはもちろん、バトンのよう

に、次の代へしっかりと伝承していきます。

一方で商品・サービスは、時代に合わせて変えています。
変えないことは理念・ビジョン。
変えることは商品・サービス。

これは、これまでお伝えしてきたことと同じ考え方です。
言い換えましょう。

変えないこと、変えてはならないことはHow To Be。
変えること、変えなければならないことはHow To Do。

ずっと、この本質の話をしています。ここをまず、経営者には徹底的にわかっていただきたいのです。でなければ、中小零細企業はいつまでたっても生みだせる価値の大きさが変わることなく、中小零細企業のままでしょう。そして会社がよくなることもないでしょう。なぜなら、前項でもお伝えしたように社員の心に火が灯らないからです。

経営者として、何のために生きるのか

私は、さまざまな中小企業を40年間にわたって見てきました。「あなたは何のために会社をやっていますか？　その事業の目的は何ですか？」と訊いたとします。「えっ」と言って、おおむね10人中8人の経営者は即答できません。そんな経営者に雇われている社員はかわいそうだとすら思います。

一方、中小零細の壁を突破する企業はと言うと、経営者がみずから積極的に勉強しています。人間として、経営者として在るべき姿について常に頭を巡らせています。手にした学び、得られた気づきを社員に向けて発信しながら、教育しています。こうした経営者が率いる企業はグイグイと力強く伸びて、目覚ましい勢いで成長していきます。

しかし、残念ながら巷にあふれる経営本は、いまだに商品・サービスをつくる方法、売る方法、広げる方法といったHow To Doのことばかり。もちろん、これが必要なときもあります。ただし、How To Beが備わっていればです。備わっていない人がHow To Do本を何十冊、何百冊読んだところで、How To Beの学び、気づきを得られることはないでしょう。当然、経営者としてのレベルが上がることも、会社が成長することもありません。瞬間的にうまくいったとしても、すぐに崩れてしまうでしょう。

会社がうまくいかないのは社員や商品・サービスのせいではありません。

原因はすべて、経営者にあります。

お伝えしづらいことですが、それが真理です。早く気づくことができれば、いくらでも手の打ちようがあります。また、人生は長いわけではありませんが、変わるのに遅すぎるということもありません。

小手先のHow To Doに振り回されるのは、もうやめましょう。
あなたは、何のために生きますか？

04

変わり続ける経営環境

常識は一瞬で変わっていく

ここで経営を取り巻く現実、これから対応していかなければならない環境変化に目を転じてみましょう。代表的なものの一つにデジタルによる変革、DX／デジタルトランスフォーメーションが挙げられます。

ですが、デジタル化そのものはHow To Do＝手段です。単にIT化を進めたり、話題になっているAIを導入したりすれば大丈夫ということではありません。なぜ、デジタル化が必要なのか、前提の在り方から考える必要があります。

経営者がここを理解しているのであれば、社員に必要な理由や動機を教えてあげれば、腹落ちしてやる気が出るでしょう。しかし、そこが曖昧なまま「他社が取り組んでいるから」「なんとなく」で、外から借りてきたHow To Doで指示をしても、社員は動かないし、動けないでしょう。DXひとつ取っても、「How To Beを土台としてHow To Do があること」が不可欠なのです。

ここでひとつ、過去に我々が経験してきたデジタル化を振り返ってみましょう。40年前、好きな音楽を聴く手段はレコードが主流でした。いま、レコードで音楽を聴いている人はどれだけいるでしょう。確かに、一部のミュージシャンやファンの間では、また人気を集めているようですが、主流ではありません。レコードからCDへ、いまではCDからデータへと、そのかたちを変えていきました。ダウンロードしてスマホの中に保存して聴くか、あるいはデータすら所有せずにクラウドからストリーミングで聴くのが主流となりました。時代の変化は早いものです。特にデジタルの世界では、数年もすればあっという間に常識が変わってしまいます。もしあなたがレコード店を経営していたとして、こうした変化に対応していなければどうなったでしょうか。いわずもがなでしょう。

レコードだけが特別ではありません。フォーバルで取り扱っている電話の世界も同じです。私が起業した当時は、どの家庭も会社も固定電話機しかありませんでした。電話で話したければ相手の家や会社にかけるしかないのです。そこへ携帯電話が登場し、電話機は一人一台があたりまえとなりました。間もなく携帯電話はより便利に、音声だけでなく情報もやり取りできるスマートフォンに取って代わりました。

もし、私がこの変化を見誤り、「より便利な固定電話機をつくるんだ！」「携帯電話機を売り続けるんだ！」とこだわり続けていたら、どうなっていたでしょうか。時代に取り残されるばかりか、経営が成り立たなくなり、社員をはじめ多くの関係者にご迷惑をおかけすることになったことでしょう。

変化の時代だからこそ、経営のやり方と在り方の違いをわける

ビジネスにインターネットが活用されるようになってまだ30年も経っていませんが、いまやどんな会社でも「ネットなんて関係ないよ」と否定することはできなくなりました。DXも同じです。10年も経てば、「DXって何？　古いよ」と言葉自体は陳腐化するかもしれませんが、時代の変化に合わせて対応するという本質は変わりません。

経営者は玉石混淆の情報が行き交う現代社会の中で、自社はどのやり方でDXに対応するのか見極めなければなりません。

ただ、ここで注意していただきたいのは、「X」の部分です。DXの「X」とはトランスフォーメーション、変革を指します。デジタル化はあくまでも方法の一つであり、本質は「変革」にあるということです。それを忘れて、かたちだけのデジタル化で満足するのは絶対に避けなければなりません。

ではどうするべきか、やはりここでもHow To Beのための変革から考え、時代に合っ

たHow To Doを実行することです。

たとえばフォーバルであれば、中小企業の役に立つために存在するのですから、DXを通じて、中小企業の経営や利益に貢献できる商品・サービスづくりを実現しなければなりません。それも、「変革」と呼べるレベルの変化をもたらす必要があります。単に「いままで紙だったものをデータにしました」では意味がないということです。そうではなく、デジタル化した情報を使い、「お客様があらゆる経営情報を可視化できるようにできないか」「その情報に基づいて、フォーバルから経営改善のアドバイスができないか」「お客様に足りない経営リソースや最適なパートナーとマッチングできないか」と、従来の発想や仕組みでは実現できなかったサービスを実現するべく、準備を進めているところです。

DXにより、AIが人間の行動パターンを学習し、最適な結果を選択できるようになる、サイバー空間と現実との境目がなくなるなど、これまでの概念が通用しない構造上の変化が起こることが予想されています。インターネットの発展と共にGoogleやAmazonが世界的企業に成長したように、いまは規模が小さくてもこの変化の波に乗って、会社を大きく成長させるチャンスが、どの企業にもあるはずです。

変化に対応するのは生き残るため

DX以上に重要な変革があります。私たちが生きる世界の永続性に直結するGXです。Gは環境を表すグリーン、その変革/X(トランスフォーメーション)です。

「いやいや、さすがにうちはGXなんて関係ないよ。環境問題からは遠いところにいる会社/ビジネスだし」。こう答える経営者は多いでしょう。でも実際、私たちフォーバルを含めて上場企業では、地球規模の環境変化にどう対応していくか、情報開示が義務化されるようになりました。

この影響は上場企業だけにとどまるものではありません。中小企業といえども取引先に上場企業があるのであれば、環境へ配慮した取り組みが当然のように求められるということです。大手企業はみずからのサプライチェーンマネジメントの中で、「あなたの会社はどのような環境対策をやっているか」と取引先が中小企業であっても求めてきます。「やっていない」という企業は、残念ながら大手企業の取引先選定基準を満たすことができず、取引できなくなるという話にすらなりえるでしょう。つまり、経営を続けていくためにはGXを無視することができないということです。裏を返せば、そこをちゃんとやっていれば、大手企業と取引できる、むしろ取引を増やすチャンスに恵まれる可能性もあるということでもあります。

日本だけ見ても猛暑や台風など、その影響は年々無視できないものになりつつあります。

社会の公器である企業として、地球を永続させるため、自社にできるベストの環境対応をしていくことから逃れられない時代となります。「デジタルも、グリーンも、欠かすことのできない経営テーマです」「そのためのビジョンを持って経営者として変化に備えなさい」と、私はあらゆる場を借りて訴えています。

変化の兆しはいろいろなところでキャッチできるはずです。ただ、それでも興味を持たない人、勉強しない人には、私の言葉は届かないかもしれません。でも、公人として覚悟を持って臨んでいる経営者なら、「なるほど、だからGXか」「だからDXか」と理解し、腹落ちしてくれるはずです。

「大久保さんの言いたいことが見えた！　わかった！」

そう気づいてくれたら、何度も伝え続けている甲斐があります。

05

社会に価値ある「新しいあたりまえ」を創造する

「使命感」から生まれる新しいあたりまえ

フォーバルの企業理念を示すタグラインとして「新しいあたりまえ」と定め、20年近く社内外に宣言してきました。これは私自身、経営者として大切にしてきたポリシーを端的に表したものでもあります。この「新しいあたりまえ」の提供を通して、フォーバルは「中小企業にとって、なくてはならない存在になる」という100年ビジョンを達成していこうとしています。

そのため、人材育成、海外進出支援、M&Aなど、さまざまななりわいのグループ会社や事業部門を用意しています。中小企業経営のお役に立つために存在する会社として、ありとあらゆる分野への対応が求められますから、ひとつの会社としてではなくグループ経営として取り組んでいます。

これまで何度も出てきましたが、フォーバルの掲げる「新しいあたりまえ」とは何か。ここで少しお話ししておきたいと思います。

私が創業した当時、電話業界は半官半民の電電公社が独占しており、いまのように自由な競争はなく、選択肢も限られていました。まずは電話機販売の自由化を図ろうと、「10年間無料保証」や「ビジネスフォンではじめてのリース販売」「異業種から参入を募り、ビジネスフォン販売業界を立ち上げる」など、新しい仕組みを考え、たいへん苦労して実現してきました。メチャクチャな発想だったと我ながら思います。「そんな非常識なことを」と、相手にしてもらえなかったことの方が多かったかもしれません。でも、それが功を奏しました。誰もやっていないからこそ、応援・賛同してくださる方もいて、それが新しい常識、「新しいあたりまえ」となったのです。

ソフトバンクの孫さんと一緒に多額の借金をして、つくったアダプター100万個をすべて無料で配るというぶっ飛んだこともやりました。当時、「狂っている」と言われるほど非常識なビジネスモデルでしたが、これも我々の業界では「新しいあたりまえ」となりました。この新規ユーザー獲得方法は、後に携帯電話や通信モデムなどでも採用されましたので、皆さんも利用された経験があると思います。その他にも国内・国際含めた電話料金を大幅に値下げするきっかけをつくったのも我々ですし、インターネットやセキュリティの世界でも、フォーバルは「新しいあたりまえ」で新しい世界をつくり続けてきたのです。そういった中で、必要とあらば法律さえも変えるよう働きかけてきました。

このように「新しいあたりまえ」を40年間続けてきたわけです。もちろん経営ですから、売上も利益も大事ですが、なによりも、「社会に対して価値あることをやるんだ！」という、この「社会性＝使命」に根ざした会社としての在り方が常に優先され、「新しいあたりまえ」づくりへのチャレンジを繰り返してきたのです。

「社会性」に根ざした「新しいあたりまえ」のかたち

儲けるだけであれば、二番煎じの経営の方がよいでしょう。むしろ、短期的には楽に利益を上げることができます。でも、結局は真似されて淘汰されるだけです。自分たちの力で新しいことを創りだせる創造力、いつも新しいことに対応できる体制や、人材が揃っていることこそが、本当に強い会社と言えるのです。

ですから、フォーバルは利益よりも、まずは日本ではじめて挑戦することに価値を置いて試行錯誤してきたことで、「新しいあたりまえ」という文化を社内に確立させることができたのです。

最近、「新しいあたりまえ」づくりとしてチャレンジしているのは、「F-Japan構想」というものです。地域が抱えるさまざまな課題を知り、「自分の身の周り、あるいは社会的な課題を誰かに頼り、任せていても仕方がないぞ」「みずから動いて、どうすれば地方創生ができるかやってやろう」という問題意識を起点に、いまは全社的に取り組むまでになりました。

F-Japan構想は「これからの少子高齢化の中で活力ある地方創生を！」という「社会性」に根差し、産（民間企業）・官（自治体）・学（教育機関）が連携することで、永続的な地方創生を実現する新たなビジネスモデルをつくることを目指しています。

これも「新しいあたりまえ」の考え方です。フォーバルでは、あらゆる取り組みにおいて、「社会性＞独自性＞経済性」の考え方を貫いています。それが私の率いるフォーバルの、企業としての在り方であり、当然、新たに挑戦する事業構想にも込められているのです。

06

業種・業界・世界の未来をみずから変えよ

在り方を突き詰めて変化を先取りする

先ほどのDXのくだりでも触れましたが、音楽業界のマーケットは破壊と創造を繰り返してきました。しかし、これは音楽業界だけの特別な事象ではありません。同じようなことが、さまざまな業界で起きているのです。

つまり、「あなたの業界はこれからどう変わるのか？」という課題は、どんな業種・業界の企業であっても、常に考えておく必要があるということです。デジタル化に本質はありません。あくまで手段であり、本質はX＝トランスフォーメーション、つまり「変革」にあります。

本来、経営者はみずからこの課題に気づき、答えを出さなければなりません。ここで、あえてＤＸの事例ではなく、トランスフォーメーション＝事業変革の事例をお伝えします。

皆さん、運送業界の仕事は何だと思いますか。もちろん、物を運ぶことですね。ですが、私の知る、ある運送会社は物を運ぶだけではなく検品業務や陳列まで手掛けます。実はこの会社、業界ですごい勢いで伸びているのです。「検品・陳列する人手に困っていませんか？　うちなら物を運ぶだけでなく検品・陳列までやりますよ」という発想は、他はやらない、とても独自性のある取り組みだと感心しました。

普通であれば、「いやいや、検品業務や陳列までやるなんて手間もかかって仕方がない」「他に運ぶ物だってあるからできない」となると思います。でもこの会社は、お客様の役に立てるならやろうとはじめた結果、いろいろな業界からも引く手あまたとなり、売上が爆発的に伸びるきっかけとなったそうです。

もちろん、運送業界は「２０２４年問題」と言われているように、時間外労働の上限規制などに代表される働き方改革関連法の施行を控えています。もしかしたら、従来通りのオペレーションでは対応できなくなるのかもしれません。

それでもこの会社はきっと、採用や教育を強化したり、それこそＤＸということでＡＩやロボットで対応したり、新しい事業変革をして、必ず対応すると思います。

この事例の要点は、「自分の会社は何をすればさらなる価値を生みだせるのか。運送業はどう変わるべきなのか。運送業の本質的な価値はどこにあるのか」という部分にあります。

変化に即応することの重要性、という点で、その根本にあるものはDXの考え方となんら変わりがありません。この運送会社の経営の在り方は、深い学びと気づきを得るには十分な勉強材料となります。

いま、そしてこれから、自社の業種、業態、業界はどのように変わっていくのか。これをすべての経営者が本気で考えていかなければなりません。

本質はX。DもGもEもOne of Them

時代は変わり続けて、市場も商品も常に、その在りようを変えていきます。この変化に合わせて進化した会社が業界に残りますし、そうでない会社は遅かれ早かれ退場となります。皆さんの会社も、こうした変化についていかなければいけません。

さらに言えば、変化についていく程度で済めばいいのですが、これからの時代はトランスフォーメーション／変革が必要になる場面が増えるでしょう。だからこそDXでも、GXでも、「X」がついているのです。繰り返しになりますが、本質はこの「X」です。長いビジネスの歴史の中で、たまたま、いま必要なものがD（デジタル）だった、ということにすぎません。

現在、社会的な課題を見渡すと、E（Education／教育）、C（Child／少子化）、M（Medical Care／医療）と、私が注目しているだけでもこれだけ出てきます。これらの課題は世の中の変化についていくだけで、その問題が根本的に解決するでしょうか。こうした問題は、いずれもトランスフォーメーションが必要だと考えています。

実際に私はいま、慶應義塾大学医学部とリハビリテーション医療に関する合弁会社をつくって最高顧問をしています。医学の世界もトランスフォーメーションがはじまっています。情報に基づく個別最適化を実現するべく、医学の変革を慶応大学と一緒にやっているのです。

また、教育のトランスフォーメーションは元文部科学大臣の下村博文衆議院議員と教育立国推進協議会を立ち上げ、一緒に進めています。さまざまな観点から多種多様な変革すべき課題が見えてきます。

すべての領域にトランスフォーメーションの余地は存在します。そこに社会から強く求められているものは何だろうか。自社のビジネスに関係する領域では、何がどう変化していくのか。持っているノウハウや経営リソースを生かして新しい価値を生みだせる領域はないだろうか、と。こうした観点から考えに考え続けて、ようやくXできる余地へとたどり着くのです。

フォーバルが手掛けているビジネスも、いま考えればたまたま前述したようなテーマにたどり着いた、ということにすぎません。まだまだたくさんの課題と変革する余地が存在するはずです。経営に終わりはないということです。

皆さんの「会社／業界のXとは、どう在るべきか？」は、簡単に見えるものではないと思います。それゆえに、常に問題意識を持ち、考え続けることが欠かせません。そのときにキーとなるのは、やはり「社会性」なのです。まずはこの視点で社会や業界を見ることからはじめてください。

07 創業者を超える「How To Be」を持て

圧倒的な「How To Do」は「How To Be」から生まれる

かつて私の主催する大久保秀夫塾でHow To BeとHow To Doの話をしたら、生徒が半分になったことがありました。多くの方は「やり方」を求めて入塾していたからだと思います。ですが、残った塾生の会社は、そのほとんどが好調です。

たとえば、大阪でミシンメーカーの社長をしている塾生のお話をしましょう。ミシン業界そのものは斜陽産業と言われており、使っているのは一部のお母さんやおばあちゃんだけ、というイメージがあると思います。しかし、この会社はおもちゃメーカーと組んで、毛糸を使った子ども用ミシンを新製品として製作し、販売しました。これが爆発的な売れ行きとなり、テレビなどでもどんどん紹介され、会社の業績をV字回復させることに成功しました。

また、その後も子育て世代向けの小型ミシンや、シニア向け、男性向けなど、ターゲットを絞ったミシンを次々と開発し、どんどん業績を伸ばしています。ミシンメーカーの社長はターゲットを絞っていくうちに、「いまのミシン業界は斜陽と言われているけど、ミシン自体の価値が失われたわけではなく、必要としている人は必ずいるのだな」ということに気づいたのです。この不景気にあって、彼の会社は過去最高益を達成しました。メディアからも注目され、取材が絶えない注目企業になっています。

その他の事例で言えば、海外進出を決めた塾生もいます。ごみ処理の仕事をしているのですが、人が集まらないという相談があったので、私はカンボジアに行くことをアドバイスしたのがきっかけです。たいていの人は、海外を勧めても、見ることもしないうちから「うちには無理です」「海外なんて考えていません」となるところ、その塾生はすぐに現地を訪問しました。そして、ごみの最終処分場であるごみ山とそこで働く人々、子どもたちの状況を見て使命感を抱き、カンボジアのごみ処理問題を解決するための仕事をはじめてくれたのです。するとそのことを知ったカンボジア政府から評価され、官民一体となってごみ処理事業に取り組むようになりました。さらに、ＪＩＣＡ（ジャイカ）から調査事業や実証事業で採択され、その様子を国連までもが評価してくれたのです。結果として彼の会社は社会性の高い会社として認知されるようになり、人材採用もうまくいき、業績が大幅にアップしました。

また、海外進出に取り組んでいる縫製会社の二代目経営者の塾生の話を挙げると、国内の大手自動車会社と既存取引が続いているものの、これからの自動車業界は競争激化が避けられないと悩んでいました。そのような状況の中、私がミャンマー進出の可能性について話をしました。海外進出について、少しは考えていたかもしれませんが、候補の中にミャンマーはなかったのだと思います。はじめは驚いていましたが、「ミャンマーは縫製技術が優れている。その技術と雇用を掛け合わせる方法を考えるんだ」と話したところ、彼もすぐにミャンマー訪問を決断してくれました。

現地を訪問してその可能性を確認し、いまでは繊維業界でははじめてとなるミャンマー政府との合弁会社をつくり、当然、業績は右肩上がりです。日本とミャンマー、両国の繊維業界発展に寄与したいという「社会性」に根ざした彼の強い想いがなければ、到底実現できなかったことでしょう。

コロナ禍の打撃を大きく受けた旅行業界向けにシステムを提供している塾生もいます。人の移動が制限されましたので、他の業界と比べても圧倒的な不景気に陥っていました。特に宿泊施設は、旅行会社経由の団体旅行が大幅に減りました。ただし、感染者数が落ち着いたタイミングでは、近場で少人数での旅行ニーズは依然としてあります。新たに増えたのは、個人のお客様が、オンライン旅行会社や比較サイトから予約するケースです。宿泊施設にとって利用者が増えることは喜ばしいのですが、支払手数料の負担が増え、また従来と比べてキャンセル率が高いことが課題でした。そうなると売上だけは上がるものの利益が残らない、経営的に厳しい状況に陥ってしまうからです。

そこで、塾生のシステム会社は自社公式サイトから宿泊予約ができるようにするシステムで、直接予約を増やしていくことを提案しました。スマートフォンにも対応し、施設内の朝食時間を選択したり貸切風呂の予約をしたり、さまざまな手続きが非接触でできる点も受けて導入が進み、最高益をマークすることができたそうです。

不景気の真っ只中にあっても、業界が斜陽であっても、環境がどれだけ悪くても、社会性を研ぎ澄ましていくことで独自性のある事業に昇華させ、社会に貢献しながら経済性を成立させることはできるのです。

塾生の例で言えば、このご時世でも過去最高益を記録する会社が多数あったことが何よりの証明です。コロナ禍、不景気、円安なんて関係ありませんでした。むしろ、その逆境を利用して、社会に貢献するチャンスと捉え、困っている人、誰も解決できていない課題解決のために動いたのです。

それは、ただただHow To Doばかりを追いかけるスタンスでは、決してなしえません。

また、頭でわかっているだけでは実行できないでしょう。How To Beという自身の根や幹となるものを持ち、自身の信じる「社会性」から逃げることなく、真剣に向き合っている会社・経営者はみな、驚異的に伸びていきます。

「原理原則が体で、腹の底からわかっているか、わからないままなのか」

これはどんな業種・業態でも関係なく、すべての経営者の行動を左右します。これがわからない人は、どんな本を読んでも、どんな講演を聴いても、感激して終わってしまうだけで、何もはじめることをしません。

今ここから、行動に移さねばならないのです。その原理原則は、どうすれば理解できるのか？　そのヒントとなる話を、次の項でお伝えしましょう。

「How To Be」と「How To Do」で創業者を超える

私の塾生には会社の創業者もいますが、二代目・三代目社長もたくさんいます。彼らはつまり、先代から会社を受け継いだわけですが、特有の課題が生まれがちです。それは先代（創業者＝父親が代表的）の存在です。二代目は初代創業者が大切にしてきた考え方や、承継にあたって生まれる疑心を払拭して超越しなければなりません。

結論から言えば、会社を受け継ぐであろう新・経営者候補は、次のような気概を持ってください。

「親父は、この会社を続ける気が本当にあるのか。どこまで大きくできるのか。その自信がないなら、いずれ俺に継がせたいという気があるなら、いま俺が継ぐ。そして継いだ以上、俺はこうやる！」

ここまで覚悟を見せられたら、父親は弱いのです。実はここにもトランスフォーメーションの萌芽があります。どんな会社も「そのままで問題ない」ということはありえないからです。自社がトランスフォーメーションする必要性と覚悟、ロードマップを明確にし、父親に伝えきることが二代目としての最初のミッションです。

承継に関する相談は、塾生をはじめとして、本当に多くの経営者から受けます。二代目のやる気、承継するための準備ができていることが確認できた場合、「よし、わかった」といって、塾生のためにみずから先代のところへ赴き、説得しに行ったこともあります。それも一度や二度の話ではありません。事業承継の成否にも第1部でお話しした「時」が大きくかかわると考えているからです。

「息子がここまで言っているのに、なぜそれがわからないのか？」と、説得のために日本中を飛び回りました。「余計なお世話だ！」と思われても仕方ないと思いますが、そんなやり取りを通じて、創業者が私のファンになってくれたこともありました。これは望外の喜びでした。

私が教えたこと、行動したことで、塾生やその会社がよい方向へと変わっていく。一部であればたまたまだと思いますが、不思議なことにすべての塾生の会社が、感謝してもらえるかたちに変わっていったのです。私が動いたこと、発した言葉で、塾生にも、その社員や家族にも、お客様や取引先にも喜んでもらえる。誰かの役に立てたということです。これはとても嬉しいことであり、自分の使命のひとつであると確信しています。

最初の頃にいた、「How To Do＝やり方を教えてほしい」という人は次第に去っていきました。一方、私の教えがどう実を結ぶかが見えない中で、じっと耐え、愚直に教えを受け入れ、自分は何をすべきかを見いだし、今日まで残ってくれている塾生もいます。長い時間をかけ、学びを自分の中で繰り返し、創意工夫を続けた人はHow To Beの重要性を理解し、体感し、「いい会社」づくりに生かしてくれています。

彼らの言葉や行動から、「How To Be」を正しく身につけたことが確認できた段階で、はじめて「How To Do」も教えるようにしました。そのときも本書と同じように、何度も何度も「How To Be」に立ち返り、在り方を見失わないよう導くことに腐心しました。

当然、How To Doになると各社各様です。具体的な相談を受けることもありますが、細かく「やり方」を指示することは基本的にありません。ただ、可能な限り「ヒントにつながる道しるべ」を与えることにしています。前述したごみ処理事業でカンボジアに進出した経営者や縫製業でミャンマーに進出した経営者の話で言えば、まずは現地に連れていくことはもちろん、大臣クラスの現地のキーマンに会わせました。そういうアシスト、道しるべをつくるのです。そこから先、その道しるべを頼りに、チャンスをモノにできるかどうかは一人ひとりの力にかかってきます。

あとは、これまで教えてきた経営の在り方、原理原則の中から、見落としていることを指摘してあげたり、自分で気づいていることは背中を押してあげたり、最低限のアドバイスをしているだけです。塾生の場合、私の教えを10年以上学び続けていることになります。私の考えや想いのベースとなっている原理原則が、すでに頭に、体に浸み込んでいるのです。

そういう塾生の中から、前述の事例のような成功者が何人も出てくるようになってきました。

一般的には、こうした事例の「How To Do」の部分だけが切り取られ、セミナーや書籍の中で語られることが多いと思います。しかし、それを聞いたり読んだりしてもほとんどの場合、再現できないと思います。なぜなら、最も重要な「How To Do」の前提・土台となる「How To Be」がないからです。

「How To Be」は、誰かが種を与えることはできても、最終的には自身で定めなければなりません。塾生の場合も、それまではあまり考えてこなかったことなので、大いに苦労していました。ただ、こうした過程でみずからを鍛えてきた人は圧倒的に強いのです。

「How To Be」があるということは、「何のため」「誰のため」を突き詰めたということです。つまりは自分だけの話ではなくなる、ということなのです。社会のため、困っている人のために行動するという、自分が拠って立つブレない「立ち位置」が定まっているからこそ、迷わずに進むことができるようになるのです。

前項の「原理原則が体で、腹の底からわかっている」とは、こういうことです。How To Doだけを学んできた人にはない、太い幹や強い根となるものができているからです。しかし、そうしてようやく自分の足で立って、経営という大海原に船を出す、というそのときになってボトルネックになるのが、先代・創業者の存在なのです。

もし皆さんの中で、先代や創業者に認められていないと感じている人がいたら、「How To Be」を定めてください。その上で、先代・創業者を超える「How To Do」を示してください。それができれば、あなたという存在を認めざるをえなくなるはずです。

08

ギャップビジネスに「アクセルとブレーキ」を実装せよ

理念と現実のギャップ

皆さんの会社では、理念やビジョンを掲げていますか。その中に、在りたい姿、なし遂げたい理想の会社像が込められていますか。皆さんの会社では、こうしたものをどのように経営に生かしていますか。

私は、自分の会社に足りないこと、本当にすべきことを見いだすために活用しています。

経営者は忙しいので、どうしても今日何をしなければいけないか、明日は何をすべきか、目先にあるHow To Doを考えてしまいがちです。しかし、経営者が本来考えなければいけないのは未来のHow To Beです。いまから追っていく考え方ではなく、在るべき姿から遡って逆算する。すると、このまま時間が経過するだけでは埋められない理想と現実とのギャップが見て取れるようになります。実は、ここを埋めるのが「経営」です。

このギャップを埋めることこそが人間の成長であり、つまりは会社の成長でもあります。理想を達成するためには、「こうなるために、こう在るべき」という目標がはっきりしなければいけません。明確な目標を持つことができれば、いくらでも強くなれるのが人間であり、人の集合体である会社なのです。

しかし、個人も企業も、なかなかどうして、これができない。そもそも、人も企業も大半は、そのベースとなる理念・ビジョンが定まっていないからです。

ここでも理想となるHow To Beを定めることがまずやらなければならないことです。それなしに、その先にあるHow To Doをやろうとしても、ギャップも見えず、進むべき方向を見いだすことはできないのです。

絶えず変わる「Do」へのこだわりを捨てる

捨ててしまいましょう。「How To Be」のないやり方を。

ですが、これはHow To Doの否定ではありません。正しいHow To Doが必要なのです。正しいHow To DoのためのHow To Beなのだということは、繰り返しお伝えしてきました。

How To Doは変わってもよいものです。時代によって、社会のかたちによって、業界・業種によって、困っている人の問題・課題によって。そこに絶対はありません。ビジネスは変わりゆくものだ、ということです。しかし、千変万化に変わりゆくものばかりを軸にビジネスをすることほど愚かなことはありません。

いま、これはどうしても会社にとって重要なんだという理由から、全身全霊で進めている事業があったとしても、それすらいずれは変わりゆくものです。How To Doについては、こだわりを捨てる必要があるということです。

しかし難しいもので、過去の成功事例や長く続いてきた商品・サービスには無意識にこだわり、しがみついてしまいがちです。ですが、言い換えればそこに新しい発想はあるでしょうか？

「足るを知る」を身につける

あえてもう一度、DXの話をしましょう。これがなぜ、いま必要と言われているのか。

当然、デジタルの進化によって、ビジネスをデジタル抜きで語ること自体が困難な「時代」になったからです。ですが、これは、いまの時代の話をしているにすぎません。では、5年後は？　10年後は？　それは絶対でしょうか。いまと同じように扱われているテーマでしょうか？

いま、黒電話について話をする人はいなくなりました。ですが、どんな時代でも言葉を届けること、つまりそれはコミュニケーションの話であるという本質は変わりません。あなたのビジネスにとって変わらない本質はどこにあるのか、それは何かを考えることが重要です。

こうした考え方で会社や事業の在り方を整理し、共に働く社員に落とし込むのが経営者の役割です。そして、社員が視界良好な状態で働けるように導いていくためには、「教育」が必要です。変わり続けること、変えてはならないことの話を、共に社会に価値を生みだす仲間である社員に対して伝える。人は心から理解し、納得したことでなければ、本当の力を発揮してくれません。そのため、会社にとって変えてはいけないことを繰り返し確認し、その上で時代に合わせて変わらなければならないこと、その理由も含め、変えていく度に腹落ちさせることが重要なのです。

これは、人がビジネスをしていく以上は欠かすことのできない「人間の成長」という永遠のテーマです。そうしてHow To Beさえしっかり共有できれば、日々のオペレーションやHow To Doは現場に託して任せるべきことだとも言えます。これもある意味、アクセルを踏むことにつながります。

私自身、いまは自分でビジネスを回すのではなく、フォーバル本体はもちろんグループ各社の社長に任せることがほとんどです。もちろん、How To Beの部分が共有されていることが大前提ですから、彼らは社長という一国一城の主ではありますが、定期的に勉強会の場を設け、価値観の再確認や新たな落とし込みをおこなっています。

「君たちは社長なのだから、その業種では私なんかよりもプロで、教えるようなことはないし、君たちを尊敬している。それでも、明らかに君たちには足りないことがあるように思う。『人間とはどう在るべきか。どういう会社にしたいのか、どうすべきなのか』というHow To Beについて、理解しているか？」と。「そこを理解してくれなければ、一緒にやっている意味がなくなってしまう。社会にもっと価値を生みだすために、どんどんやって、遠心力を高めてほしい。そこは君たちに任せたい。でも、求心力が足りていない」と伝えているのです。

理念やビジョンを頭では理解していても、一朝一夕ではその本質まで浸透させることはできません。みんな、会社の責任者として任されていますから、どうしても日々のHow

To Doの方に目が行きがちになるものです。それは仕方がありません。ここで問われるのは、トップとしての覚悟です。トップは決して諦めず、行きつ戻りつしながらも着実に前進していけばよいのです。

ただし、やると決めたことはアクセルを踏んで一気にやる。慎重になることは悪いことではありませんが、慎重になりすぎるのもよくありません。かといって、焦るのはもちろん違います。このあたりのさじ加減、アクセルとブレーキの使い方は、その人の力量によるところとも言えるでしょう。

ブレーキについて私がイメージしているのは、「足るを知る」ということです。

経営者として、一気呵成にいく決断も必要です。しかし、勢いだけではうまくいかないことがあるのも経営です。それを回避するため、「足るを知る」が必要なときがあるのです。「うちの会社は、いまはまだこのくらいでいい」。毎回これでは成長がありませんが、勢いがあるときこそ、そう思い留まることが必要な場合もあります。私の感覚としては、おのれの「分」を超えてやり過ぎると、思わぬ罠にはまることがあるということです。

機を見て、アクセルを踏む。

必要に迫られれば、ブレーキもかけられる。

40年を超える経営者生活で出会った人の中で、成功した人がたくさんいる一方で、失敗した人はそれ以上にいました。いま振り返ってみると、失敗した人の共通点は「無理をして経営」していたことのように感じられます。

経営をしていると、ときにブームに当たったり、儲け話が舞い込んだり、実力以上の結果が出ることもあると思います。しかし、一時の儲けで浮足立っていても意味がありません。会社は続けていくことが大切なのです。「分」を超えたことに手を出し、社員みんなが不幸になる。お客様に商品・サービスを提供できなくなり、迷惑をかけてしまう。それだけは避けなければなりません。

「広い視野」と「多面的なものの見方」を持つ

アクセルとブレーキを使いわけられるようになるには、「広い視野」と「多面的なものの見方」も必要です。たとえば缶コーヒーを見て、真上からしか見ていない人は「これは円だ」としか認識できません。真横からしか見ない人は「長方形かな?」と認識するでしょう。このような見方で正しい判断ができると思いますか? 経営も同様です。いろいろな角度から、客観的に自社を見る習慣を持ちましょう。

とはいえ、「客観的な目を持つ」と口で言うのは簡単ですが、意外と難しいものです。しかし、その役割を果たしてくれる補佐役がいれば、自然と気づくことができるでしょう。

ただし、自分の周りをいわゆるイエスマンばかりで固めていると、トップの言うことにひたすら「はい、承知しました」としか言いません。そういう会社も消えていきます。本物の経営者の周りには「ちょっと待ってください」と言えるナンバー2、ナンバー3が必ず存在します。フォーバルではこれを「心思直言《しんしちょくげん》」と呼んでいます。これは我々の造語です。心で思ったことを素直に言うこと。それは単純なことですが、組織が大きくなればなるほど難しくなることです。しかし、心思直言できる関係を維持できなければ、案外もろい組織となってしまうでしょう。

ギャップの埋め方を見極める上でも、経営者が思わず目を背けたくなるような現実を真正面から直言できるナンバー2がいる会社は強いのです。こういう面でも、ナンバー2の存在が会社の存続に大きな影響を与えるということがご理解いただけると思います。

ソニー、パナソニック、ホンダ……日本を代表する企業となった会社は、どこもナンバー2がしっかりしていました。トップになった人は責任があるから「なんとかしよう」と突っ走りますが、そこへ冷静に「待った」をかけられるナンバー2の存在。こうした「アクセルとブレーキ」が、経営には欠かせません。

09

永続性の先にあるもの

時代の変化に関係なく大切な「社員からの信頼」

これから、本格的に「人的資本経営」が求められる時代となります。企業の主役は人ですから、言うまでもないことですがHow To Doとして人材教育が強化すべき対象となります。

How To Beに裏打ちされた行動として、ずっと変わることなく重きを置くべきHow To Do、それが人材教育です。会社の永続性を考える上でも、避けて通ることはできません。

社員は経営者の一番の味方である一方、何かしようとすると、ことあるごとに反対するのも社員です。それぞれが仕事の目標や計画を持っており、日々その達成に向けて一生懸命働いてくれていますから、そこに影響する変化に抵抗感を抱くことは私も理解します。人間ですから、当然の感情でしょう。しかし、経営者は会社全体の将来を考え、ときとして昨日までと違う指示をすることがあります。しっかり、How To Beが共有されていれば、自分の不満は飲み込んでその変化に対応してくれるはずです。

にもかかわらず、多くの会社でそのような抵抗が起きているのは、社員が経営者の考えを理解できていないことの表れです。そこに、その会社の大きな課題があるということです。なぜならば、社員は経営者が掲げる理念・ビジョンに共感し、同じ志・使命感のもとに働ける関係が理想だからです。

人間性を兼ね備えた上司や経営者がいて、きちんとコミュニケーションができている、そういう職場環境でなければ、経営者の考えは社員に浸透しません。当然、社員は同じ方向を向いてくれません。つまり、動かないし、動けないのです。

読者である経営者の皆さん、ぜひ試していただきたいことがあります。「この会社に出会えて、本当によかった」「あなたと出会えてよかった」と思ってもらえているかどうか、社員に問いかけてみてください。

それでYESがもらえることが、私の考える「人的資本経営」の根本原理です。ここが成り立たなければ、会社の永続性もおぼつきません。

社員は経営者を絶えず見ています。あなた自身は気づいていないかもしれませんが、確実に見ていますし、雰囲気で感じ取ろうとしています。もし見ていないのであれば、それは経営者であるあなたに失望したからです。

社員にも同じ熱量や志を持ってもらい、同じ方向を目指せる会社で在りたいならば、その理想にふさわしい自分にならなければなりません。たとえ、本当はまだまだでも、経営者はそのように振る舞わなければならないのです。

そうした姿を、社員は徹頭徹尾、見ています。

教育はすべての「気づきの源」

〝人〟に困っている会社が増えているように思います。業務内容も人の価値観も多様化されている昨今、シンプルではなくなったのかもしれません。

江田島の旧海軍兵学校に行ったとき、私は戦時中の若者の人としての在り方に大いに感動しました。当時、18、19歳で特攻隊として戦地に向かう若人が記した手紙には、こう書かれていました。

「お父さん、お母さん。お世話になりました。妹をお願いします。死ぬこと、これは怖くはありません」

家族への感謝と愛情を記した、あの筆跡。死と向き合った覚悟。見た瞬間から、涙がとまりませんでした。終戦からたった80年弱ですが、いまではなりたいものの上位にYouTu berが挙がる時代になっています。少し乱暴な比較に思えるかもしれませんが、「もし、いま戦争が起きたら、現代の若者は彼らのような心持ちで死と対峙するだろうか」と、ふと疑問が浮かび上がりました。

当然ながら、ここで戦争の賛否について論じたいのではありません。私は「何を学び、何を基準として生きるか」という広い意味において、教育というものがこんなにも重要なのかと、つくづく思い知ったのです。

戦後、それまで大切にされていた修身教育が廃止されました。この内容にも賛否はあると思いますが、こうした教育を受けていないから自分を律する基準が曖昧で弱々しいものになっているのではないでしょうか。当然、生きることや死ぬことへの気づきも生まれません。こうした気づきが生まれなければ、自分が何のために、誰のために生まれてきたのか考えることもなく、使命感や感謝に気づくこともないまま、心の成長もなく、ただ漫然と日々が過ぎていくことでしょう。

〝人〟に教えるということは、いったいどういうことなのでしょう。私自身、明快な答えを持ち合わせているわけでもなく、正解を求めながら日々を生きていますが、一つに自律した人間に育てるということがあると思います。

過去と比べて考えてみれば、昔は、学校の先生というものは、非常に畏れ敬うべき存在でした。祖父や父親も同様です。厳しく接してくれる存在がいたわけです。私はそういう方々は、自分の中にHow To Beがあり、自身も厳しく律することができるからこそ、人にも厳しくできるのだと思っています。

いまはそうした存在がめっきりいなくなりました。親や先生、上司は変わらず存在しますが、生活の、勉強の、仕事のやり方／How To Doだけを教える存在になってしまっているように感じます。厳格な在り方を持った人たちの声、人として誤った言動を戒める声が届かない、気づきづらい世の中になっているように感じるのです。

「人間とは」「人間の在り方とは」「未来の在るべき姿とは」といったような、人間のベースを問うような考えについて、いまでは正面切っては誰も訴えなくなったように思います。

私は経営者ですから、社員に対する当然の責務として、おかしなことはおかしいと言い、ときには叱り飛ばし、大切なことを気づかせてあげられる自分でありたいと思っています。また、中小企業の経営者へ向けても経営者の先輩として、厳格な道しるべでありたいと思い、言葉を送り続けます。

「君たちの会社を支えていくのは、君だけじゃない。社員たちなんだ。だから社員を人としても導いてあげるんだ！」

「あなたの描いた理念と現実のギャップを埋めてくれるのは、他ならぬ社員なんだ！」「あなたもいつかは死んでしまう。だから、あなたがちゃんと次を育てるのだよ」と。

日本がいつまでも素晴らしい国でいられるよう、後進である若い経営者に正しい在り方を教え、つなげていくのが私の使命だと覚悟を決めています。

「気づき」へと導くことが教育の本質

教育するときに大切なのは、一方的に「教える」のではなく「気づかせる」ことだと思っています。ただし正論だけでは、これは難しい。

「スマホばっかり見ていては駄目だよ」というよくある家族の会話。私には孫がいるのですが、孫もスマホを持っています。「スマホって面白いよね。でも、スマホばっかり見ていると、何か悪いことってあるのかな。今度教えてね」と言うと、しばらくして孫から「スマホを見ていると、目が悪くなるし、姿勢が悪くなる」という答えが返ってきたのです。

そこで私が、「そうか、そうなんだね。じゃあ本当に目が悪くなったら、まずいよね」と言うと、孫はそこでハッと気づいてくれました。

注意することは簡単で早いと思います。でも、なかなか行動は変わりません。しかし、自分で気づくと、明らかに行動が変わるのです。人間は、仕事でも人生でも何でも「気がついたら」絶対に変わります。変わっていきます。

「あっ、そうか」という気づき。価値観や認識の変化、現実の解釈が反転する瞬間といってもよいでしょう。


経営における社員とのかかわり方、つまり教育の要諦も「気づきへと導くこと」にあります。人間とは、正論を頭ごなしに伝えてしまえば反発する生き物ですから、こちらは頭を柔らかく、気持ちも抑えながら伝えることが大切なのです。むしろ、その方がインパクトすら強くなるかもしれません。

かつては私も社員に対して頭ごなしに怒鳴っていた時期がありましたが、いまではうるさく言うことはなくなりました。気づかせるための言葉を孫や子どもにかけることはありますが、社員に対してはみずから気づくのを待つようにしています。

「わざわざ言うことはない。でも、自分で気づいてくれ」と願うのみです。当然、全員が気づくわけではありません。そこには忍耐が必要です。「彼／彼女は、いつ気づくかな……」と見ながら、「駄目かな……」などとすらも思いながら。

ただ、不思議なことに、時間はかかっても気づいてくれるものです。私にとってはそれが本当に嬉しい。そのために必要なのは、できるだけ社員と接点を持つことです。「気づいてほしい」という思いで、言葉をかけたり、問いかけ続けたり、本書のように考えを記したり、勉強会も主催しています。気づきを得ている社員は、行動原理からして異なりますから、その動きも、考え方も突出した成長を見せてくれます。その姿を見るのが、何より楽しみです。

ここでもベースとなっているのは、やはりHow To Beです。それがなければ「気づかせる」と「気づく」という、この2つが嚙み合うことは決してありません。同じ在り方を共有しているからこそ、言葉はもちろん空気感で通じるものがあるのです。

私は思うのです。「教育に決まった教え方はない」と。勉強とは、どんなに楽しいものか。問いに対する答えを探すことがどれだけ人を没頭させるものか。

学ぶこととは、楽しいことだとわかってもらえたら、その社員はみずから走りだしますから、あとは任せるほかありません。できることをサポートするだけです。経営が苦しいからといって一方的に教えたり、ましてや無理にやらせたりしても、それは本人の中に浸透していくことも、気づくこともないでしょう。

昨今は、学校においてもＩＣＴを活用して教育が進化していますが、これはわかる人はどんどん自分のペースで進んでいけばいいし、わからない人はわかるまで何度も繰り返すことができる点が優れていると思います。これを活用し、みずから望んで進める環境を用意すれば、勉強することは苦にならなくなるでしょう。

自分のペースで学ぶことができて、苦にならない。このような環境があって、人に気づきが起こるのです。あらゆる教育の場において大切なのは、まずは「学びとは楽しい」ということに気づいてもらえる環境づくりをすることだと考えます。

これまでの教育、特に学校教育は、わかる子にもわからない子にも等しく理解を「強いて」くるものでした。そうではなく、「気づく」ということが本当に大切なことなのです。

10 当事者意識が自分と世界を変える

何事も「自分事」として捉える習慣が変革の種を生みだす

私が大事にしていることに「何事も自分事として捉える」という考え方があります。たとえば中国とアメリカの関係、地球規模で起きている環境問題といったようなスケールの大きい出来事であっても、「これはさすがに自分には関係ないな」と考えることはありません。「これがビジネスにどう影響するだろうか」「自分が〇〇の立場だったら、どうすべきだろうか」と自分の立場に置き換える観点を持ち続けるようにしています。

そうすることで、さまざまな気づきが得られるのです。普通は、みんなどこか他人事です。ニュースで起きている世界情勢の話、まったく関係のない業界で起きている技術革新の話など、「これは〇〇が悪いな」「原因は〇〇にあるな」と思っても、どこか他人事で終わってしまいがちです。

もし、このように他人事に見えることを自分事と捉えることができたなら、そこはまったく違う世界に変わります。見える景色が変わり、新しい発想が生まれるようになり、あらゆることから気づきが得られるようになるのです。創造力とはつまるところ、こういうことなのではないかと思っています。

他人事ではなくて自分事に考えてきたからこそ、いまの私があって、フォーバルがあります。大きくなったフォーバルが、他国の問題にまでかかわるようになれるとは、創業当時の私にとっては夢物語のような遠い理想像でしかありませんでした。しかし、すべては創業当時から磨き上げてきた理念やビジョン、「社会価値創出を通して幸せを分配する」「中小企業にとってなくてはならない存在になる」という在り方があるからこそ、少しずつできることが広げられてきたのです。

皆さんも、何か矛盾やおかしいなと思う「心のひっかかり」があると思います。であれば、それをそのままに放置するのはやめにしましょう。そうではなく、自分事として捉えてみる、想像してみる、何か手を動かしてみる。これからの時代、そういう力が本当に大事になってきます。

たとえばいま、少子化や地方の過疎化が日本の問題として、新聞やニュースで日々取り上げられています。対象は日本全体や地域全体なので気づきづらいですが、どちらも他人事ではありません。身の周りにいる家族、知り合いを含めて、これらに関係のない人が果たしているでしょうか。本当は誰にとっても自分事なのです。

自分事と考えたら、一歩を踏みだすチャンス、やるべきことはいくらでもあるはずです。その動機から生まれるアクションに、規模は関係ないのです。フォーバルが過去に立ち上げた事業も、最近取り組みはじめたGDX（グリーン・デジタル・トランスフォーメーション、「GX」「DX」を合わせたフォーバル独自の造語）やF-Japan構想という新事業も、こうした自分事の発想から生まれました。

中小企業の経営者が突き抜けるためのヒントは、このような日常の問題意識の持ち方、アンテナの張り方にあるのです。「環境変化に応じて自分も変化しよう、その変化を先取りしよう」という意識を持つ人は、残念ながら限られています。その背景には、「あらゆる物事を自分事として捉える意識の不足」があるのです。

あえて厳しい言い方をすれば、ほとんどの経営者は目先のことしか見ていないし、ほとんどの物事を他人事として見ています。だから非常に小さい世界で生きることしかできませんし、中小企業のままなのです。でも、それを少し変えるだけで本当は大きく変わるのです。

なぜなら、社長が変われば、社員も変わるからです。はじめは「うちの社長、なんだか変わったな」と感じる程度かもしれません。しかし、社員が気づいたということは、社員の物事の見方も変わりはじめているということです。なぜなら、社長と社員の関係性に変化が生まれていることに、社員みずからが気づき、「なぜだろう」「社長はどう変わろうとしているのだろう」と考えるようになるからです。

気づきとは、変革＝X／トランスフォーメーションの第一歩と言えます。社長は、社員にできるだけよい気づきの種を与えられるよう心がけてください。

取引先との関係をＨｏｗ Ｔｏ Ｂｅで決める

かつて私が営業に赴いたとき、勤務時間中で社員が働いているにもかかわらず、同じフロアで堂々とテレビで大相撲中継を観ている社長がいました。私にとっては考え難いその行動に、忘れられないほどの衝撃を受けました。季節が変わって夏になれば、なんと今度は甲子園の高校野球を観ているのです。

「社員が横で命を使って仕事をしているのに、この社長は自分がどういう姿で見られているのか、わかっているのだろうか？　社員はどんな気持ちで仕事をしているのだろうか……」と思うと、胸が痛みました。そういうふざけた社長が事実、いるのです。

あるいは、営業に行くと、「何の用ですか!?」と怒気を含んだ返答をする社員が多くいる会社もありました。こちらがまだ何も話していないにもかかわらず、です。社員がそういう対応をしてしまう、社員がそういう状態になってしまっている会社の責任は、間違いなく社長にあるでしょう。

反対に、人間性のいい社長の会社であれば、営業が来たところで無下には断らず「何でしょうか?」と応対もしなやかです。まさに社員は社長の鏡ですね。

フォーバルはビジネスフォンの営業会社としてはじまりました。しかし、創業から一貫して、売る立場も買う立場も対等だと思って経営しています。売る立場であっても、こちらからもお断りする権利があるということです。先程紹介したような残念な会社に出会ったとき、私はその権利を迷わず行使してきました。

そのお客様とお付き合いすることが、社会の役に立つのか、意義のあることなのか、幸せをより多く生むことにつながるのか、つまりHow To Beの在り方に照らし合わせて正しいのかを判断するのです。「きれいごとだよ」「今日の売上の方が大事だよ」と思われる人もいらっしゃると思いますが、私はこれも「社会性」第一をうたう経営者として大事なことだと思っています。

先述の怒気を含んだ社員がいた会社のケースでは、双方の関係を築いていく最初の一歩となる「応対」というコミュニケーションが取れない会社でしたから、こちらから断らせていただく判断をしました。

社長が相撲や高校野球を観ている会社も同様の判断をしましたが、働く社員が不憫でなりません。そんな社長には、「会社を永続させる」「会社は社会の公器」という気持ちはさらさらないでしょう。自分や家族のためだけに、会社を私物化しているわけですから、「社員の幸せのために」なんて発想はみじんもないでしょう。そんな経営者ですから、社会のために何かができるとも思えません。身近な人たちの幸せをつくれない経営者に、会社を経営する資格はないのです。

How To Doばかりを欲して求め、How To Beには目もくれない経営者に、人はついてきません。またしても、この話に戻るわけです。とてもシンプルで、本質的な在り方について伝えたいので、いろいろな角度からお話ししてきました。

在り方が変われば、中小企業はまだまだ大きくなれます。さらに多くの価値を、社会に生みだすことができるようになります。どうか、このことに気づいてください。

11 何事にもとらわれないトランスフォーメーションの自由な発想

G／グリーン：環境問題は避けられない問題であることが明白

私は、DXやGXはたいへん重要な課題だと考えていますが、これらはHow To Doですから、取り組み方は会社によってそれぞれでいいと思っています。皆さんの業界がこれからどのように変化し、皆さんの会社がどのように変革していくべきなのか、いま一度考えてみてください。その考えを書きだしてみることで、問題点をはっきりと認識することができるでしょうから、まずは取り組んでみることです。

たとえば、D／デジタルについては、いまはたまたまAIが注目を集める時代ですが、いずれは他のものに置き換わる可能性が常にある、ということはすでにお伝えしました。時代や業種・業態によって、取り組むべき優先事項やスピード感は変わってくると思います。

ただしG／グリーン：地球規模の環境問題だけは、地球に存在している万人が自分事と捉えなければならないでしょう。ある日、急に問題が根本から解決される可能性はありません。この先、私たちが生きていく以上、避けては通れない問題であることを改めて認識してほしいと思います。

社会が絶えず変化していく中で、このグリーンの変化については業種・業態に関係なく意識しなくてはなりません。現在、日本に限らず、世界各国で「脱炭素／カーボンニュートラル」が喫緊の課題として取り上げられています。ここにおいては、企業の大小にも関係なく対応していく必要がある、ということを認識していただきたいのです。なぜなら、我々はこの地球という場を借りて生き、事業をしている公器です。そのベースとなる地球が駄目になってしまったら、社会性も継続も意味がありません。ぜひ会社の利益を多少減らそうとも、「地球益」、地球全体の利益に貢献するという崇高な視点で臨んでほしいのです。

私たちが目指す地域トランスフォーメーション

フォーバルはいま、政府の骨太方針に基づいて、「グリーン社会の実現」「官民挙げたデジタル化の加速」「少子化対策」「活力ある地方創り」という分野で新たなチャレンジをしています。これもすべて当事者意識を持ち、自分たちのリソースを生かして何か貢献できることがないかを考えたところからスタートしました。

この「活力ある地方創り」については、すでにいくつかの自治体と連携して、トライアルを進めています。これもある意味で、地方や自治体の在り方のX／トランスフォーメーションです。

地方や自治体のトランスフォーメーションで大事なことは、それぞれの地域が明確なビジョンを持つことにあります。これはここまでにお伝えしてきた、会社の在り方の話と同じです。目指すべき理想像があれば、そこにいまとのギャップが発生します。そのギャップを埋めていくために、地方の政治家の手腕が必要になります。民間だからこそ培うことができた経営の考え方でギャップを示し、変革を働きかけるのです。

「ぜひ、一緒にやっていただけませんか。私たちがお手伝いしますので、一緒に成功事例をつくってみませんか」と。それが地方のトランスフォーメーションであり、民間企業である私たちがトライする意義がここにあります。

このコラボレーションから新しい気づきが得られることも多々あるでしょう。そうして地方のトランスフォーメーションを起こすことで、日本を少しでもいい方向に変えていくことができるのではないかと期待しています。それは政府が見ている目線、いまの時点で言えば骨太の方針にある内容とも一致するはずです。

また、私たちは地方の大学と産学包括連携協定を締結し、デジタル分野や環境分野で活躍してもらう地域戦略人材の育成にも取り組んでいます。地方のほとんどの大学は、残念ながら厳しい経営状況に陥っています。その理由の多くが「地方だから」という話になりがちですが、そこで諦めたら終わりです。地方もそうですが、大学も、その学校の魅力をいかにして高められるかが問われているのです。

大学の将来をどのように描くか。どのように地域とかかわるか。そうしたビジョンを明確に描くことが重要です。これも会社経営でまず理念やビジョンを固めることに相当します。その考え方の糸口さえ見えてくれれば、いくらでも再生、回復のチャンスがあると思っています。これが大学のXであり、教育のXであり、ひいては地方のXになると考えています。

一見、会社経営とは扱うものが異なるように見えますが、考え方は同じで極めてシンプルなのです。

ビジョンなきところにトランスフォーメーションはなしえない

大学だったら大学トランスフォーメーション、地域だったら地域トランスフォーメーションといったように、何を変革するべきか、という軸はすべて異なります。
ですが、明確なビジョンがあるから現状とのギャップが明確になり、そのギャップを真剣に埋めていくための取り組みがスタートできるのです。これは会社経営でも、大学経営でも、行政でも同じように必要だという点において共通しています。だからこそ個人も、企業も、大学も、行政も、「ビジョンなきところに未来なし」。明確なビジョンがあるからこそ、いますべきことが見いだせるようになり、そして未来も生まれていくのです。

ある講演で「ときどき気持ちがなえてしまうことがあります。大久保会長にはそういうことはないのでしょうか」と、経営者から質問を受けたことがあります。それに対して、私は「ない」と即答しました。
「なぜなら、私は明確なビジョンを持ってやっていますから、毎日なすべきことが明快です。気持ちがなえるようなことはありません。君はまだ若いだろう。毎日やっていてなえてしまうのだとしたら、それは明確なビジョン、将来の在りたい姿が描けてないからじゃないかな。何が何でも！　という実現したいビジョンがあり、そこに向かっているなら、なえることなどなくなるよ」と、そう答えました。

経営者も、個人も、会社も、大学も、地域も、何においても明確なビジョンが必要です。

それ自体がエンジンであり、羅針盤であり、道しるべになります。

明確なビジョンを持っている人は、強い。

続けていくために、そしてトランスフォーメーションをするためにも、欠かすことができない軸であり、How To Beの根っことなるもの、それがビジョンです。

第3部

未来の経営を変革する Future Transformation

TRANSFORM FOR THE FUTURE THROUGH “HOW TO BE”

01 「あたりまえ」が変わりゆく境目から見える変革の糸口

「人間力」で経営のフォーメーションを変えていく

第3部では、ここまでお伝えしてきた「How To Beを基盤とすることでしか成立しえないHow To Do」という考え方を、あらためて企業という大樹が育つための土壌、根、幹として捉えながら話を進めていきます。自分たちは、どうすれば大樹へと成長し、花を咲かせ、結実させることができるのか。どのような切り口で経営を進化させることが可能なのか。そのアイデアの切り口と発想を転換させるためのヒントをお伝えします。

国内の99・7%を占める中小企業の経営者が一丸となって未来へ向かって経営を進化させる。そうすることができれば、日本という国全体がさらに豊かになる、というビジョンを心の中で思い描きながら、自分たちがなすべきことを考えつつ読み進めてほしいと思います。

さて、皆さんの周りを見てください。かつての常識、あたりまえと言われたことが、どんどんそうではなくなっています。経営者は、こうした変化に誰よりも敏感になるべきだと思います。

なぜなら、社会の公器である企業と、それを率いる公人である経営者には、社会に対する責務があるからです。社会において、自分の会社はどういう存在で在るべきか。それをどのように体現し、どのような貢献ができるのか。

「やり方」を追い求めるHow To Doだけではない、「在り方」としてのHow To Beに対する明確な答えを持ち合わせていなければならないのです。それなくして社会に貢献することも、社員を幸せにすることもありえません。逆にこの考え方さえしっかりできていれば、乗り越えなければならない時代の変化や難局にあったとき、適切な舵取りができます。

How To Beとは、言い換えれば「物事の本質を突き詰めること」でもあります。経営の本質とは何か、経営とはどう在るべきか。この土台がないまま、小手先の「やり方」にとらわれている限り、社会に対して価値を提供し続けることができないことはもちろん、トランスフォーメーションによって企業を永続させることは不可能でしょう。

昨今の時代の変化と言えば、ＡＩの話題に事欠くことはありません。もちろん、これから企業が成長し、永続していくために必要なことの一つであることは、今後しばらく変わらないでしょう。しかし、言ってしまえばＡＩもＤＸのひとつにすぎません。

ではＡＩが企業の在り方、その本質にどう関係しているのか？　ここに答えを出している企業がどれだけあるでしょうか。私たちは経営者ですから、経営の本質や在り方とどのような関係があるのかという考えなくして、ただただＡＩ、ＡＩと飛びついたところで、企業の成長につなげることはできません。

一昔前は、人間の能力として情報を知識として覚え、蓄える力が重視されていました。学校の教育にしても、この考え方をベースにしていればよかったので、我々の時代の試験は暗記問題を中心に構成されていました。しかし、ＡＩの登場により、その分野で人間がいくら努力したところで、ＡＩに太刀打ちできないことは明らかです。それは遡ればグーグル社の開発したAlphaGo（アルファ碁：人工知能の囲碁ＡＩ）がハンディキャップなしでプロ棋士を破ったことや、直近ではChatGPTがあらゆる疑問や質問に対して人間のように回答してくれるようになったことで証明されました。いずれは、記憶に関係する領域を中心に、いろいろなかたちでＡＩに任せることになるでしょう。

ここで経営の話に立ち返ります。では、すべてをＡＩに任せるようになるのかと言えば、決してそうではないでしょう。経営をゼロからつくりあげることは、ＡＩにはなしえないことだからです。

たとえば、人と人とが出会い、共鳴・共感し、関係構築すること。また、何もないところから未来をつくる事業のアイデアやデザインを創造すること。あるいは社員の特性や思いを理解しながら組織としての力を最大限に発揮させるマネジメント力など。これらはＡＩが得意とする特性とは反対側にあるものです。私たちはこの人間にしかできないことをフォーカスしなければなりません。

いままで私たちは、漢字の正しい読み書きや数学の計算、英単語、歴史の年号、化学記号など、どちらかと言えば記憶を使った能力を伸ばす教育を受けてきました。採用においても面接試験があるものの、当然のようにそういう能力が重視されてきました。それが「これまでのあたりまえ」です。

しかし、ＡＩやビッグデータを前にしたいま、そのような教育・採用はあまりに無力です。経営者はいち早く変化を感じ取り、教育や採用をトランスフォーメーションしなければならないということです。

ＡＩにはない人間性が豊かな人材を求め、教育しなければならないということです。まさしく、これは人材観のトランスフォーメーションと呼べるものでしょう。

多くの会社がいま、ＤＸ化に挑戦しよう、本格的にＡＩを活用しようと取り組んでいることでしょう。ここで忘れてはいけないことは、ＤＸ化やＡＩ活用を成功させるためには、人間にしかできないこと、つまりは社員の「人間力」を高めるということです。逆説的に聞こえるかもしれませんが、この機械に任せられることと変わらず人間がなすべきことをきちんと認識し、人間はＡＩにできない能力を磨いていくことが重要だと考えます。

私は社内向けにも、社外の経営者向けにも、さまざまな勉強会の講師を務めています。そこでも中心としているのは、「人間力を高める」というテーマです。ＤＸをどう進めるべきか、ＡＩをどう活用すべきか、というテーマも大事ですが、その前提となる会社の在り方や人としての在り方を定めるための教えこそ、ますます重要だと考えているからです。「会社はどう在るべきか」「何のために、誰のために、何をなすべきか」という経営の本質抜きには、ＤＸもＡＩも絵空事に終わってしまうでしょう。

変革の要は「教育」にあり

人材を「人財」として、本当の財産にするための教育の重要性は、これまでにもお話ししてきました。経営者がいかに会社の「在り方」「在るべき姿」を追い求めていても、それが社員に伝わらなければ経営者の想いは空回りに終わってしまうからです。

そのため、社員に求める人材像としては、会社の理念に共鳴・共感しながら、会社のビジョンに向かって共に走り、変化があればしなやかに対応できる人間性と能力を兼ね備えることが理想です。言うはやすし、なかなか高いハードルです。おそらく経営者自身でも怪しい部分があると思います。だからこそ、社員教育は終わりのない経営者のミッションと言えます。その重要性を考えれば、社員を教育するのは経営者自身がおこなわなければならず、また、そのためにみずから学ぶということも不可欠です。

何が言いたいかというと、「企業は教育機関である」という考え方へのトランスフォーメーションが必要になるということです。しかしながら、「教育やしつけは、親や学校がやってしかるべきだ」「仕事のやり方は先輩や上司が教えているから、それで十分だ」という考え方をする経営者が多いという実情があります。

ただ、それであなたの会社はうまくいっていますか？　成長していますか？　と、問いたいのです。「やっているけれど、会社はうまくいっていないんだ」というのであれば、そのやり方が間違っていないかを考えてみてください。社員教育や研修にどれほどの時間をかけていますか？　どれほどの費用を使っていますか？　効果は出ていますか？

「うちは中小企業で、お金も時間もないからできない」というのは言い訳にすぎません。まずは経営者である、あなたが意識を変える必要があります。つまり、それこそがこれからの時代に求められる価値観のトランスフォーメーションであり、それが不可欠である理由がここにあるのです。

ひとつ、実例でお話ししましょう。社員の教育費を出す場合、その財源は利益から捻出するのが一般的です。利益の○%を教育費にあてる、という考え方ですね。ところが、とある物流会社の社長は、売上額から2%を教育費に使うと決めています。1500億円もの売上のある会社ですから、教育費が2%となると30億円規模です。通常ならばありえない、これほどまでの規模の教育費を投じる理由、それは「教育費にこれだけのお金をかけてきたから、ここまで利益が出せるようになったのだ」いう信念にあります。実際、その方針で100億円の経常利益を生みだしているのですから「お見事!」というほかありません。さらには、人を大事にするこの会社は新卒採用も500名規模でおこなっています。「はじめに教育ありき」。私は、この社長の考えを聞き、会社経営の一つの理想像に巡り会えた思いがしました。何を差し置いても優先するべきことは人的投資なのだ、という考え方が貫かれているのです。

このように人を採り、育てて新たに挑戦しているのが、ネット通販大手のA社との取引です。B to B取引だけでなくB to Cへの対応も迫られ、これまでにはない個別戸口への配送という高いハードルに直面しました。すると、この問題は1社で解決できるものではないと考え、それならば同業他社の力を借りてできるようにしようと全国1800社の物流会社とネットワークを組み、みずからのノウハウを伝えた上で売上をシェアしました。自分だけが良ければいいという考え方ではなく、利用者にとってのさらなる利便性のため、運送業界全体の活性化のため、という「社会性」を志し、「独自性」であるノウハウを生かしたのです。

当然、このときにキーとなったのは惜しみない教育を受けた社員です。首都圏に配送センターを数十カ所立ち上げましたが、入社2～3年目の若手社員がセンター長を務めています。また、事業をつくりあげていくためのアイデアも海外研修で学んだことが大いに生きたそうです。以上の話は、コロナ禍で社会全体が萎縮していたときのことです。

どうすれば業界のためになるかを考え、実行に移す。ここまでお話しすればピンときた方もおられるはずです。つまり、取引先のため、業界のためという「社会性」を持った経営者・企業であるからこそ、人のやらないことができる「独自性」が生まれたのです。そして結果として売上・利益という「経済性」がついてきました。

繰り返し皆さんにお話ししている、この「社会性」「独自性」「経済性」の流れから生まれるトランスフォーメーションがどのようなものかを感じ取れれば、おのずと経営の本質がどのようなものか、そしてその発想に「これまでのあたりまえ」という固定観念がいいかに不要なのか、理解してもらえるのではないでしょうか。
事実、この会社はコロナ禍を経て、毎年二桁の増収を続けています。

人間だけが持つ本質的な力

経営というのは、その経営者と会社に「社会性」というベースがあり、その上で人のやらないことをやる「独自性」が必要です。その「社会性」を支えるものが会社の在り方＝理念であり、ここで重要な役割を果たすのは「人」だということを、改めて強調しておきたいと思います。

新しいアイデアを実行に移すのは、いつの世であっても人です。これは未来永劫、変わることのない真理でしょう。いくらよいアイデアでも社員に実行する能力がなければ、トランスフォーメーションをなし遂げることはできませんし、変革に耐えられないでしょう。経営者と会社が「社会性」を持つこと、それに併せて「人」が育っていることはトランスフォーメーションと不可分の要素です。

「人のやらないことをやる」ということでは、先ほどの物流会社が他の会社では決してやらない社員教育をしています。社員を欧米ならびにアジア各国へ派遣して、海外の物流業界の姿を見て、学ばせる取り組みをしています。日本にいながら、情報としてのみ欧米に学ぶだけでは不十分であり、実際に現地に行って、見て、体験することが重要ということです。もちろんそこには多大な費用と時間がかかりますが、将来のために必要な投資として、この研修を実施しているのです。

経営幹部に対しても、山に行って心身を磨く修行を研修としておこなっています。安全面には十分に配慮しながらも、大自然の厳しさは、ときに生命の危険を感じさせる場面もあります。そのような中で、自分の命やそれを支える周りの助けについて考えてもらうため、さまざまな問いかけをおこなうそうです。

人間には頭と心、そして腹があるのです。オフィスにいて、頭だけで理解した気になっていても、社員や取引先のありがたさを心から実感する、気づくというのは困難なのです。ですからこの会社は、山修行という非日常を活用し、大自然の奥深さを、物事の奥深さを知る機会を設けています。過酷な修行を通じ、命の極限を突き付けられることで、生きる意味や日々の仕事、それを支える周りの人たちのことを真剣に考える気持ちを抱くようになるそうです。これによって自分とは、社員とは、取引先とは、そして経営とは何たるかを死ぬ気で考え、その本質に気づき、腹落ちさせることにこの研修の意図があります。

人が在り方と真剣に向き合うとき、頭を鍛えるだけでは足りません。だから心も鍛えることが大切です。しかし、心を鍛えるだけでも十分ではありません。そこからさらに、もう一段深いところに「腹が据わる」という境地があります。人が人生や仕事との向き合い方まで本当に変わるには、それをやるべき理由が腹落ちしなければならないということです。

この物流会社では、それができている人財が育っているからこそ、他の大手ができない、やらないことでも社員がついてくるのです。みずからの手で未来を切り開いていくことができたのです。眼前の変わりゆく時代を乗りきり、トランスフォーメーションをしていく能力を持った社員に成長するには、このくらいの覚悟に裏打ちされた教育が必要だということです。言い換えれば、これはEducation Transformation＝ＥＸ／教育のトランスフォーメーションなのです。

トランスフォーメーションは、企業の発展においてあらゆる分野で必要な考え方です。昨今の時勢の中ではデジタルトランスフォーメーション、ＤＸが特に話題です。ですが、第2部でお話しした通り、ＤＸのＤ、デジタル化はあくまでも方法の一つであり、時代の変化と共に変わりゆくものです。一方、ＥＸのＥ、教育は時代が変わっても企業の永続には欠かせないものでしょう。そう考えると、より重要度の高い変革テーマであることがご理解いただけると思います。

いままで私たちがやってきた仕事の一部は、ＡＩに取って代わられていくでしょう。しかし、それを見て「もう人は必要ない」「まして教育や研修はいらなくなるから、予算を削ろう」という考え方をする経営者がいるとすれば、それは論外です。あまりに考えが浅いと言わざるをえません。

すでに述べたように、ＡＩが持っていない「人間力」は今後も不可欠です。創造力、共感力、マネジメント力といった一つひとつがこれからの時代でも変わらず、むしろ人間にしかない能力として求められ続けます。

なぜなら、私が経営の本質としている企業の「社会性」について、ＡＩが本当の意味で考えられるでしょうか。あるいはその領域までもＡＩに任せていいものでしょうか。そうではないはずです。人の未来をつくるのですから、「社会性」を考えるのは人間でなければなりません。

ＡＩができないことを人がやる。その能力を高めるために教育が必要となる。経営者はまず、ここを念頭に置いて、人間力をより高めるためのフォーメーションに会社をシフトしていただきたいと思います。それが社会の要請なのだと考えてください。これができて、はじめて事業は成長でき、会社は継続し、永続していくことができるのです。

02 「すべての自分事化」がトランスフォーメーションの鍵

社会の困りごとを解決する覚悟

古くから日本では「不易流行」という言葉が受け継がれてきました。伝統的な本質を踏まえながら、時代の変化に応じて新しいことを取り入れていく、という大切な教えです。経営者は、新しいことを取り入れていく姿勢を持つことはもちろん重要ですが、前段の「本質を踏まえる」ことを決して忘れてはなりません。

ＤＸしかり、ＡＩしかり、目の前で起きている表面的なことだけを見ていると、その本質を見失ってしまいがちです。しかし、本質について考えていくことで、むしろＡＩの進化によって人間性の重要度は増すばかりであることが、よくご理解いただけると思います。

では、トランスフォーメーションをする際、本質として大切にすべきことは何でしょうか。私は、世の中に起きていることをすべて自分事として捉えることだと考えています。なぜなら、トランスフォーメーションは一人の力でなしえることではなく、多くの人を巻き込んでいくことが不可欠だからです。経営者が変わり、そうしてはじめて社員が変わり、お客様や取引先も変わっていくのです。

変革に挑戦する際、まず想いやビジョンを共有するのは社員です。しかし、いくら正論で問題提起をしたところで、あなた自身が自分事としていないことは決して伝わりません。人の想い、覚悟というものは、その人に覚悟があるか、ないかが自然と伝わるものなのです。どんなに素晴らしいことでも、あなた自身の覚悟がなければ、社員の心に灯をつけることはできず、単なる他人事としか映らないでしょう。

「世の中に起きていることをすべて自分事として考える」なんて難しい、そう感じる方も多いと思います。参考に、私が日々実践していることを紹介しておきます。

たとえば、経営者であれば毎日、テレビや新聞、ネット記事でさまざまなニュースを目にされると思います。皆さんはこうした情報をどう活用していますか。多くの方は、自分の会社と直接的に関係のある情報のみ確認したり、参考にされたりしていると思います。私の場合、自社と関係のない情報でも、すべて自分の会社が身を置く業界に当てはめてみるようにしています。「うちの業界でこういうサービスができたら喜ばれるだろうか」「こういう問題が起きたら会社の信用にどう影響するだろうか」と、自分事として本気で考えるのです。

ここまで読んでいただいた読者の皆さんであればおわかりだと思いますが、このときにもキーとなるのは「社会性」の視点です。お客様のために、社会のために、地球のために、自分と自分の会社に何ができるか、それを考えて、考えて、覚悟を持って考え抜くのです。このプロセスだけが、あなたを経営者として成長させ、会社を時代に合わせて変革させ、会社を永続させていくための土台となるのです。

先ほど紹介した物流会社は、まさにこのプロセスを経て発展し続ける会社の例と言えるでしょう。何事も、すべて自分事として経営に落とし込みながら、覚悟を持って会社の舵取りをしていただきたいのです。

あたりまえの枠を超えてチャンスに目を向ける

ただし、これまでの習慣を変えることも、いまやっている仕事を変えることも、なかなかできることではありません。ポイントは視点を変えることです。変えられない過去ではなく、自分でつくる未来に目を向けてください。「これからどう変わるのだろうか」「どう変えられる可能性があるのだろうか」という視点から、自分の仕事に落とし込んで考えるのです。

たとえば、少子化の問題に目を向けてみましょう。日本では少子高齢化が進み、働き手も減って人手不足が深刻な状況にあり、人口が減るので当然ものも売れなくなっていくと言われています。この現実は、残念ながら変えることはできません。

しかし、未来はどうでしょうか。ここは国の政治によるところが大きいと思いますが、私たち経営者ができることもあるはずです。社員が子育てをしやすい環境を整えることで、少なくとも社員の出産や育児に対する意識は変えていくことができるでしょう。また、少子高齢化社会に求められる商品・サービスを提供することができれば、社会に貢献できるだけでなく、自社の新しいビジネスチャンスとすることもできるはずです。


もう一つ、世界に目を向けるということもポイントです。世界では毎年人口が増え続け、80億人を超えました。

「日本の人口は確かに減っている。しかし世界の人口は増えている」

皆さん知識としては持っているはずですが、多くの経営者はこの世界に視点を向けた発想ができません。「いや、世界なんて規模が大きすぎるし、別の国のことなんてよくわからない」「うちの会社じゃ、世界を相手になんかできない」という常識にとらわれているからです。

少子化に対する認識と発想の転換。これはChild Transformation／CXと言えるかもしれません。経営者は、メディアにあふれる悲観的な報道に同調するのではなく、世界はどうなのかと、外へ目を向けてください。ベトナムやインドネシア、カンボジアなどは平均年齢も低く、人口ピラミッドにおける若年層の割合がどんどん増えています。その増え続けている人間の需要をどう取り込んでいけるだろうか。そうして自分たちは何ができるのだろうか、というワールドワイドの視点から、世界の大きなトレンドを見据えて、高いところから広い視野で周囲を見渡してほしいのです。

経営者の使命は未来をつくることです。「あたりまえ」の枠を飛び越えてください。そのためにぜひ、経営者は世界・未来に目を向けることを忘れないでください。必ずそこには大きなチャンスがあることに気づくはずです。

逆転の発想で飛躍する「答えは外にある」という視点

「世の中に起きていることをすべて自分事として考える」ということは、「相手の立場になって考える」ということでもあります。「王道経営」では、何のために、誰のために、を突き詰めていくことが不可欠であるとお伝えしてきました。

この視点は、ある程度は浸透しているのではないかと思います。社員の立場で働きやすい職場づくりをする、お客様目線で商品開発をおこなうということは、もはやあたりまえになっているでしょう。しかし、これが同業他社に向けて、となると、どうでしょうか。同業他社の動静をウォッチすることはあっても、彼らが困っていることに目を向け、手を差し伸べることができる会社は少ないと思います。

しかし、これを体現していたのが先ほどご紹介した物流会社です。「自分たちが苦しいときは、同業者も苦しいはず」「なんとか同業者も助けて共存共栄したい」と考え、同業者に協力を呼び掛けたのです。仕事をシェアするなんて発想は、ひと昔前ならありえなかったでしょう。経済性が第一の社会では、「同業者が困っているなら、自分にとっては好都合だ」「これを機に仕事をすべて奪ってやろう」、そんな考え方が普通でした。ですが、それとはまったく逆の発想で、業界のため、困っている会社のために仕事をシェアし、結果として共に売上を伸ばすことができたのです。

「世界・未来に目を向けるのはイメージできない」と感じる人でも、あなたの目の前の人、隣の人、ライバルのことをイメージすることはできると思います。相手が困っていること、相手がしてもらったら喜ぶこと、それを考えてください。これが小さな社会性のはじまりです。

私が本書を通じて特に気づいていただきたいのは、「答えは外にある」「いままでの常識の真逆にある」ということにあります。

そのため、「世の中に起きていることをすべて自分事として考える」という在り方を持ち、未来に目を向ける、世界に目を向ける、ライバルの困っていることに目を向ける、そのような多彩な視点、視野、視座を持ってください。

そうすることで「いままでは不可能と思われていたことを可能にする発想」、あたりまえではない「新しいあたりまえ」の発想が生まれ、あなたの会社や事業そのものを変革するトランスフォーメーションへと進化させていくはずです。

いつまでも同じ環境で同じことをして、ただ「苦しい、苦しい」と言っていても何も変わりません。

視点を変えて発想を飛躍させるということ。

全国の中小企業の経営者には、これができるようになってほしいと思います。

すべての課題は「困りごと」の中にある

トランスフォーメーションを起こす理由は、実は世の中にたくさんあります。世の中の課題となっているものと自分にどんなつながりがあるのか、ここを起点として会社を変革すればいいのです。

地球の環境問題のGXも、先ほどの少子化のCXも同じです。地方創生もLX（Local Transformation）と名付けられるくらい、同じ考え方や発想から取り組むことができる課題のひとつでしょう。地方創生のうまい方法が見つからず、行政が何から手を付けていいかわからない、アイデアがなくて困っているというのであれば、それを助けることを自社の事業にすることもできるはずです。

何もかも、誰かが困っていることがすべてのはじまりです。極端に言えば、そこにしかチャンスはありません。自分たちがやってきた事業の常識で考えて、「GX？ CX？ LX？ そんなものは関係ないよ」と切り捨てることは誰にでもできます。ですが、日本の将来や子どもたちの未来を考えれば、崩れつつある環境の問題も、疲弊しはじめている地方経済の問題、改善の目途が立てられない少子化の問題といったものは、すべて自分たちと関係ないはずがありません。

そして私たちが取り組むべきこれら課題の一つひとつは、絶えず変化していきます。私たちの話をすればフォーバルではF-Japan構想を通じてGXやLXに取り組んでいますが、時間の経過と共にトレンドが移ろう中で、取り組むべき中身はもちろん、構想の名称までもが絶えず変化して当然だと思っています。それはつまり、私も、私たちフォーバルもトランスフォーメーションしていく、変革し続けていかなければならないということなのです。

03 永遠に変わらない不可欠な命題「GX」

地球温暖化は中小企業経営者にとって「自分事」である

How To Beをベースとしながら、変わりゆくことに目を向けることでヒントが見つかる。在るべきHow To Doとは、そうして見つけ、取り組んでいくものです、ということをお伝えしてきました。しかしここでは、「変えてはならないこと」の見方についてお伝えします。

さて、経営者の皆さんに、ひとつの問いを投げかけたいと思います。
「日本の将来、世界の将来を考える上で、最も差し迫った課題は何だと思いますか？」

この問い、すぐに答えが出せるでしょうか。日々、報じられて目にすることが多いものから考えれば物価高、経済格差、少子化などが挙げられるかもしれません。しかし経営者であれば、もっと踏み込んだ答えがほしいところです。たとえば物価高ですが、多くの人が感じているのは食料品の値上がりでしょう。「今年は野菜が高い」「来月から小麦が値上がりする」と、毎日のように報道されています。では、なぜこうしたことが起こるのでしょうか。

最近は戦争の影響も大きいですが、中長期的には、天候不順や台風、大雨で被害を受けるからであり、地球温暖化に原因があるということがわかっています。人間は生きているだけで二酸化炭素を排出しますが、便利さを追求する文明の利器に頼った生活の中でより多くの二酸化炭素を排出してきた結果が、これです。日本のみならず、世界中が地球温暖化の脅威に晒されるようになりました。

また、その影響は農作物の収穫量にとどまりません。台風や線状降水帯が原因で川が氾濫し、大規模な災害が引き起こされるというニュースが日常化しています。これも地球温暖化による海面温度の上昇によることがわかっています。

この責任は誰にあるのでしょうか。「そんなこと言われても私には関係ない」と言い切れるでしょうか。私たちはおしなべて地球という場を借りて生き、事業をしています。GXというテーマは、その範囲の広さと奥行きの深さから、誰もが無視できない永遠の命題であるということは認識しておくべきでしょう。私たち一人ひとりが真剣に考え、改善するための行動に移さなければいけないときが来ているのです。

大雨や洪水に見舞われ、交通網やロジスティクスをはじめとするインフラが寸断されたら、どうなるでしょう。あなたの会社の製品を取引先やお客様に届けられなくなる。社員が出社できなくなり工場やお店が稼働できなくなる。それだけでなく工場やお店といったあなたの会社の固定資産、社員という人的資本までもが失われかねません。それは事業の撤退にすら及ぶ可能性があるものです。そうなれば当然、社員とその家族の生活を守ることができなくなるということです。

この問題は経営者にとって他人事ではありません。あなたの会社がいつ、こうした脅威に晒されるかなど、わかるはずがないのです。ですから、いつ降りかかってきてもおかしくない危険や脅威を「自分事」として想定して、いますぐにでも対策を考えておかなければならないということです。

ＢＣＰ（Business Continuity Plan）：事業継続計画というものをご存じでしょうか。地震、洪水などの自然災害をはじめとした有事の際に、経営者は自分の会社が事業を回復・継続するための強靭性（レジリエンス）を高めるため、ＢＣＰを作成して備える企業が増えています。

これはひとえに社員、その家族、そして取引先などステークホルダーを守るためです。逆の見方をすれば、こうした対策をしていない企業はリスクを想定していないということです。将来的には、こうした対応の違いは採用募集への反応や取引先選定にも影響してくる可能性があると考えています。何か起きたときのためのリスクマネジメント、これも会社を継続させるための経営者の責務であることを忘れないでください。

会社がなくなってしまうのは、これまでにも話してきた永続性の話と同じで、あなただけの問題ではありません。社員をはじめとしたすべての人のことを自分事として考える姿勢がここでも求められているということなのです。

「利益が出たらやる」では、何も変わらない

「共通価値の創造」と訳される「ＣＳＶ（Creating Shared Value）」という言葉があります。

企業の社会的責任を意味する「ＣＳＲ（Corporate Social Responsibility）」と混同されることがありますが、ＣＳＶの提唱者に言わせると現代はもはやＣＳＲだけでは足りないそうです。

ＣＳＲは事業とは別に取り組む社会貢献を意味するのに対して、ＣＳＶはビジネスとして社会的課題に向き合い貢献する取り組みです。したがって、そこには自社にできること、自社の強みを生かして社会的課題の解決を目指すという考え方が基本となります。簡単に言えば、企業の儲けも社会への貢献も表裏一体であって、共に重要で欠かせないことなのです。

ここにあるのは、儲かったから、その利益の一部から社会貢献するという従来の発想ではありません。社会貢献をしたから支持され、結果として儲かるという逆転の発想です。

私は、こうした発想の転換が至るところで求められているように感じています。

たとえば社員との向き合い方です。いままでの会社は儲かっているから社員にボーナスをあげよう、社員の幸せを考えようという順番でした。これからは、社員を幸せにした会社だからこそ利益が出るのだ、という発想に転換するのです。

サービスも同様です。利益が出たからお客様にサービスをしようではない。お客様に本当に喜ばれるサービスをしたから利益が出るのです。利益というのは、やるべきことをやった結果でしかないのです。とてもシンプルなはずです。社員教育も同様です。これまでは会社が儲かったから社員教育をしよう、という考え方でした。しかし、事例として紹介した物流会社のように、教育をしたから利益が出る。発想が逆転しているのです。

しかし、本来はこれが正しい在り方なのだと思います。「利益が出たらやる」では、何も変わらないからです。まず実行ありき、よく考えてみれば至極当然のことですね。多くの経営者は、この発想をトランスフォーメーションする必要があると思います。これが実行できる会社は必ず強くなります。これからの時代、求められるのは「利己主義」ではありません。「利他主義」なのです。

このように世の中はその在りようや考え方、ルール、価値観が劇的に変わっていきます。この流れを見逃さず、変化に絶えず目配りをしながら、自社のトランスフォーメーションの方向性を考え、社会のための変革を進めてください。

04 地方創生とトランスフォーメーション

「地方だから」こそ持っている可能性

前項ではトランスフォーメーションを考えるためのヒントとして、地球に住んでいる限りは永遠の課題となる環境問題への取り組み、GXについてお話ししました。

ここでもう一つ、日本人として無視することのできない大きな課題として、地方創生への取り組みについて考えてみたいと思います。政府がスローガンとして「地方創生」を掲げてから10年ほど経ちますので、すでに何らかのかたちで関与されている方も多いと思います。

しかし、地方に住んでいる経営者や行政の方から、「なかなかうまくいかないんだよね」「地方だから仕方ないんだ」という話をよく聞きます。このとき、できない理由として「地方だから」を挙げるのです。

しかし、それは本当でしょうか。インターネットの発展・普及に加えてコロナ禍を経て非対面のミーティングが広まり、リモートワークが社会に浸透しました。これはある意味、社会全体がＤＸ化へ向けて一歩前進したのだと言えます。人々のライフスタイルや働き方の価値観までもが大きく変わったのです。

先進的な会社や若者を中心に、東京の会社に在籍しながら地方で働く、直接会ったことがない会社と取引する、本社を持たないなど、新しい働き方が広がりつつあります。仕事や幸せに対する考え方も変わっています。もはや、以前の仕事のやり方、かつてのあたりまえに戻るのは不可能でしょう。


本題です。この変化を考えれば、地方にこそ大きな魅力、価値があるとは言えないでしょうか。インターネットの環境さえ整えば、どこにいても仕事ができる時代になっているのです。もちろん、業種・業態やそれぞれの業務内容にもよりますが、オフィスに通勤するのと同じように、むしろ、より効率的に働ける人は多いと思います。

地方には、東京や大阪といった大都市にはない恵まれた自然があり、物価も安い。土地も手に入れやすく、広い家を持ちながら育児ができることに魅力を感じる人もいるでしょう。

私の友人であるパソナの南部さんのように、すでに本社を丸ごと地方に移転した大企業もあります。当然、全社を挙げた働き方改革が必要であり、メリットばかりではないと思いますが、それが社会の要請であり、社員の中にも望んでいる人がいるからこそ実行できたのでしょう。そして、このように行動に移せば、実際に人の移動が生まれます。現実として移転先の経済を活性化させることにつながります。こうした動きに続く企業が増えてもおかしくない時代になっていると思います。

冒頭に挙げた「地方だから」という理由で諦める必要はなくなりつつあるということです。そういう変化に気づいた人から、自分の地域の魅力や価値、秘めているポテンシャルをどんどんＰＲしていくべきです。また、実際に地方に引っ越した若者が、地域で活躍していること、幸せに感じていることを発信することで、自分の好きな地域で働くことがあたりまえになり、いずれは地方にこそ大きなチャンスがある、と多くの人が考えるようにすらなりえると思います。

また、地方経済の活性化については、「ふるさと納税」が挙げられます。制度自体に賛否両論はあるものの、ここ10年は右肩上がりで成長しており、２０２３年度には１兆円を超えるであろう規模（２０２２年度９６５４億円）になりました。人口が少なく税収が見込めないと諦めている地域でも、うまくアピールでき、まだその魅力を知らない人にリーチできれば、新たなファンをつくりながら地域活性化のための寄付金を得られるチャンスがあります。魅力的な返礼品を用意できる地域であれば、チャレンジしない手はないでしょう。

実例として、北海道上士幌町では、ふるさと納税で「子育て・少子化対策夢基金」を設立し、子育て支援を充実させました。その結果、移住者を呼び込むことに成功し、人口増を実現しています。

このように、都会から地方に人が集まるということが絵空事ではなくなりつつあります。自分たちの地域について、都会にはない魅力は何なのか。限りある財産をどう生かせばいいのか。本書で繰り返し紹介してきた視点で考えていただきたいのです。

簡単な話ではないかもしれません。しかし、発想が逆転している時代、これまででは考えられなかったようなチャンスがあるのも事実です。何もやらずに諦めるのではなく、考えて考えて、考え抜いていただきたいのです。

そしてこの話は、地方の問題にとどまらずに国全体、そして社会の公器としての企業、経営者の皆さんにとってのチャンスがある話でもあります。皆さんの会社が持っている強みや特徴を生かせる場が地方にもあるはずです。ぜひ自分事にして考えていただきたい。そういう救世主の登場こそ、地方の人たちは待っているのではないでしょうか。

「固定観念」と決別する

こうした地方のトランスフォーメーションは、地方行政、企業、そして住民が三位一体となって進めることで、はじめて達成されるものでしょう。ここで企業に求められているのは、すでにある商品・サービスではありません。そんなもので解決できる簡単なものではないはずです。そうではなく、企業がこれまで培ってきた問題解決能力や新規事業創造力が求められているのです。

そのとき、私たち企業が持つべき視点は、自分たちに何ができるか、それによってどんな貢献ができるか、ということです。つまり、「社会性」に立ち戻る必要があるということです。それがなければ、本当に役立つアイデアも出ませんし、行政や住民の賛同を得ることもできません。

また、外部から来た企業に求められる役割の一つに、地方の人の心を縛っている「固定観念」を取り払うことがあるということも肝に銘じておくことが必要です。地方創生に携わる人は、いままでのあたりまえの発想を捨ててください。自分の発想を超える発想を生みだすには、物事の認識の転換が必要なのです。何度も伝えてきましたが、発想の転換がトランスフォーメーションの鍵です。発想の転換なくして変革は起きないし、起こせません。

「この地域を何とかしたい、蘇らせたい」と行政の人たちも考えていると思います。しかし「自分たちの住むこの場所に、本当に秘めている価値なんてあるのだろうか?」「この地域が本当に魅力ある地域なのか?」、そうした疑問にとらわれながら、なかなか答えを見つけられない人が多いのが実情だと思います。

しかし、あなたが抱いているその認識は、本当に正しいのでしょうか。たとえば、一つの例として学校について考えてみましょう。都心の学校はグラウンドが狭い、周りは交通量の多い道路で囲まれ、交通事故の危険もあり、緑も少なく、空気もさほどきれいではないのが一般的です。それに対して地方の学校は、都心の学校のデメリットがすべて逆転してメリットになりうるのです。

何が言いたいかというと、ある地域にとっての「あたりまえ」は、他の地域では「あたりまえ」ではないということです。地域活性化は、その地域に住む人たちでおこなうのがあたりまえだと思いますが、その「あたりまえ」すら疑ってみることが必要だということです。

そのため、私が有効だと考えるのは、他の地域の人や会社からアイデアをもらうことです。もちろん、地域に住む当事者が一番想いも、情報も持っているのは当然ですが、そのやり方で行き詰まりを感じているのであれば、他の手も打つべきだと言いたいのです。ビジネスの世界では、他社、異業種、他国にヒントを求めるのはごく普通におこなわれていることです。これは地方創生でも通用するやり方のはずです。

相談する相手が思いつかなければ、書籍やインターネットで情報を探してみることからはじめてもいいでしょう。意外とこのような基本的なことすら、はじめに少しやっただけでわかった気になってしまい、ほとんどやられていない地方が多いように感じます。

他の地域が人を増やした、地域を活性化させた、そういう情報は皆さんが実現したいことに先んじているはずです。たくさん学ぶところ、参考にするところがあるはずです。自分の地域のことだけを考えるのではなく、他の地域に目を向ける。急がば回れで試してみてください。

参考までに、地方創生で成功されている取り組みをいくつか紹介しておきます。

まずは大学の取り組みです。これからを担う若い人材に、地域活性化に目を向け、専門知識を習得してもらおうと、地域系学部が、国立大を中心に開設されています。高知大学(地域協働学部)、宇都宮大学(地域デザイン科学部)、福井大学(国際地域学部)、愛媛大学(社会共創学部)、宮崎大学(地域資源創成学部)、私立大でも、愛知大学(地域政策学部、11年度開設、22年度コース再編)、追手門学院大学(地域創造学部)などに設置されています。

こうした大学の狙いは、街づくりのプロを育て、自分の手で自分たちの街を活性化すること、また空地・空き家問題や災害対策などの解決の担い手となってもらうことです。地域問題に関心を持ち、活性化に貢献したいという志を抱く若者から注目が集まっています。こうした学部は取り組み自体が新しく、たとえば宇都宮大学の場合、専門科目が100%アクティブ・ラーニング化されており、学生主体で地域報告会を開催するなど、他の大学にはない魅力的な特徴を多く持ちます。

高知大学でも、豊富なフィールドワークが魅力となり、都会からわざわざ来る学生もいるそうです。実際、高知大の学生の出身地を見ると、県外が75%を占めています。

こうした地域では、学校が主体となり、若者の流出防止に一役買うだけでなく、県外から人を集める役割まで担っているということです。

また、地域通貨も地域活性化に寄与する取り組みとして注目されています。地域通貨は、ある特定の地域やコミュニティーのみで利用できる通貨を指します。考え方自体は以前からありましたが、スマートフォンやキャッシュレス決済が普及したことで、より安価で便利に運用できる電子地域通貨が広がりました。

メリットとしては、ボランティア活動の参加者に地域通貨を付与することで地域コミュニティーを活性化させること、その地域で確実に消費されること、また減価や失効があることで「価値が減る（なくなる）前に早く使おう」というインセンティブが働くことなどが挙げられます。また、地域通貨でしか買えない商品やサービスを用意することで、観光客の誘致につなげている事例もあります。「さるぼぼコイン」（岐阜県高山市・飛騨市・白川村）、「アクアコイン」（千葉県木更津市）、「白虎」（福島県会津若松市）などが先進事例として知られています。

また、財政が厳しい地方自治体の新たな資金調達手段として仮想通貨の仕組みを活用しようという動きもあります。岡山県西粟倉村《にしあわくらそん》は面積の約95％が森林であり、そのうち84％が人工林です。人口1600人ほどの小さな村ですが、集めた資金で起業家の発掘・支援・育成に取り組んでおり、村の森林資源から製品をつくり、流通させることに挑戦しています。木材をそのまま市場に出荷するのではなく、付加価値を付けることで収益性を高めると同時に、森林の再生もしていこうというものです。

皆さんの地域ではこうした取り組みをされていますか。もちろん、すべての地域に適しているわけではありませんし、導入すれば必ず成功することでもありません。ここで言いたいのは、まず他の地域で取り組んでいることを調べてみること、それをヒントに自分たちの地域でできることを考えてみるということです。地方創生に携わる皆さんは、ぜひ他の地域を本気で調べ、自分の地域でできることを本気で考えてほしいと思います。

近年、身体の状態が良好であることにとどまらず、精神面や社会面も含めた広い視点から人間の幸福度を測る尺度である「ウェルビーイング」が注目されています。日本はこれが全体的に低いことが問題視されていますが、都会と地方を比べたとき、地方で暮らした方がより高い「ウェルビーイング」を感じられる可能性があります。

東京や大阪などの都会にはない多くの魅力を地方は持っているからです。キーとなるのは自然でしょう。都会にはない食が楽しめて、海や山などの遊びの場も豊富です。学びの場と捉えることもできるでしょう。その魅力が本当に伝われば、地方創生はもちろん、少子化や人口減少も改善できるはずです。まずは自身の意識をトランスフォーメーションし、本当は地方はチャンスの宝庫であることに目を向けるべきなのです。

「覚悟」を持ってトランスフォーメーションと向き合う

トランスフォーメーションをするためには広い視野が必要です。「固定観念」を捨てることや、外からアイデアを持ち込むことも有効です。

人口が増えていたり、経済が活性化していたり、税収が増えている地方都市があれば、そこでは何が起きているのだろう、何をやっているのだろうと調べ、自分にできることがあるかを自分事として考えてみましょう。目を向けるのは、世界であってもよいはずです。

そして、実際に行動に移すということがトランスフォーメーションへの第一歩です。

私は「まず動け、そこから道が拓けていく」という言葉を最も大切にしています。


自治体の関係者なら、他の自治体に学び、参考にする。経営者だったら、思い切って世界に目を向け、地域でしか売っていない商品を世界に広げられる可能性を探る。あるいは大手ができていないことで、中小企業が持つ小回りが利くという強みを生かして、自分たちでやってみればいいのです。


うまくいっていない人こそ、いままでの自分の発想を捨ててください。いままでの自分を超えてください。「苦しい」「無理だ」「限界だ」からは、何もチャンスは生まれません。

いまは見えていない可能性に挑戦すること、それこそがトランスフォーメーションだということをわかっていただきたいのです。

05

未来変革を実現するための9つの問い

How To Beがすべての土台

ここまで、デジタル、グリーン、人材教育、地方など、さまざまなX／トランスフォーメーションについて考えてきました。「何もかも変わるということじゃないか」と、感じられたと思います。その通りです。AIによるデジタル革命は、過去の産業革命と同じか、それ以上の大きな変化をもたらすということです。誰も正確に未来を予測することは不可能でしょう。

だからこそ、皆さんに覚悟していただきたいのは、「未来は変革なしに生き残れない」ということです。

このような不確実性の高い時代だからこそ重要なのは、やはり企業や経営者としての確固たる「在り方」を持っておくことです。ここから、すべての中小企業がこの未来変革／

Future Transformationに取り組んでいく上で、避けては通れない本質的な問いを投げかけます。本書の締めくくりとして、自分事として読み進めてください。

企業には変えてはいけないことがあります。それは創業社長がつくった社是、企業理念です。それらは時代を越えて、リレー走者のように次の経営者にバトンタッチしていかなければなりません。日本には規模の大小を問わず、長年続いている長寿企業が多く存在しますが、そうした企業が変えることなく、継承してきたことこそ社是や理念、家訓です。いくらトランスフォーメーションをするんだと言っても、ここは変えてはいけないことだと認識してください。

企業が扱う商品・サービスはHow To Doとして、時代ごとに、社会の変化に対応して変わっていかなければなりませんが、経営の主体として変えてはいけないこともある、ということです。企業の在るべき姿となるHow To Beがこの部分にあたります。このようなしっかりした根や幹があってこそ、企業の大切な部分を残し、生かしながらトランスフォーメーションをなすことができるのです。

How To BeとHow To Do。頭でわかったつもりでも、実際に問題や課題を目の前にすると、混同してしまいがちです。未来の変革に正しく対応するためには、この2つの概念をしっかり理解した上で経営することが極めて重要です。「How To Beがあってのトランスフォーメーション」ということを、いま一度ここでも強調してお伝えしておきたいと思います。

世界で200年以上続いている企業を調査した記事によると、なんとその65%が日本の企業とされています。なぜ日本には、こんなにも多くの長寿企業が存在するのでしょうか。共通しているのは創業経営者の想い、つまりは理念が大切に継承され続けているからです。たとえば、とある酒造メーカーでは、何代にもわたって「家庭の食卓で楽しんでいただけるお酒」というコンセプトを貫き通しています。一方、「酒の味」は時代に合わせて変えているそうです。一見、変えてはならないこととされてしまいそうな「酒の味」ですが、そこはHow To Doとして、消費者の好みに応じて時代ごとにトランスフォーメーションしているのです。だからこそ、いつまでも飽きられることなく続いているのだと思います。

また、世界的に有名なタイヤメーカーですが、もともとは足袋をつくることをなりわいとしていた企業があります。ところが創業者はアメリカではじまった車社会を目の当たりにして、時代の変革を確信しました。足袋の原材料もタイヤの原材料も同じゴムであることに着眼し、タイヤメーカーへとトランスフォーメーションを起こしました。これが見事に成功し、世界規模のタイヤメーカーとして確たる地位を築きあげます。

しかし、もともとはゴム屋であるという精神は忘れていません。「ゴムを扱うメーカー」としての姿勢を崩すことなく、同じくゴムを使うゴルフボールやシューズでも成功をおさめています。まさにトランスフォーメーションを繰り返し続けているのです。これもHow To Doは変えてもHow To Beは変えないということの好事例です。

長寿企業を見てもHow To Beの重要性は明らかですが、多くの経営者はHow To Doばかりに目がいってしまいがちです。「何か儲かることはないかな」とあちらこちらに手を出すものの、その企業のHow To Beとは縁遠いものですから、長続きせず、最後には何も残らず終わってしまうのです。

そんな経営のやり方と考え方はここで捨て去りましょう。
なによりもHow To Be、まず在るべき姿を固めてください。
何をするかというHow To Doは、その次に考えるべきことです。
未来変革／Future Transformationは、その向こう側にあります。

前置きが長くなりました。
では、9つの視点からの問いをはじめていきましょう。

1つ目の問い　何のための会社・誰のための会社なのかを定めているか？

私がこの問いをみずからに向けるとすれば、まず出てくるのは「みんなのために経営している」ということです。

社員、家族、そして株主、取引先などのステークホルダーのすべて。こうした人たちのために会社は存在し、これからも存続していかなければならないと思っています。

そして私は日本企業の99・7％といわれる中小企業の役に立ちたいという思いを創業以来貫いてきました。私が常に考えているのは、フォーバルという会社が中小企業にとってなくてはならない存在であること、中小企業を助けられる存在で在りたいということです。フォーバルのすべての事業、グループ会社は、それを実現するために必要なことを用意してきた結果です。

すべてのステークホルダーのため、中小企業のためという2点を、これから50年、100年先もずっとブレない経営の軸として向き合い続けているのです。そうして、この中小企業のことを考えながら環境問題に対応していくために何が必要か、教育のために何が必要か、採用のこと、地方のこと、デジタルのことと、軸はブレないまま、水平的な思考でできること、やるべきことを考えていきます。

一見、バラバラなことをやっているように見えるかもしれません。ですが、「中小企業にとってなくてはならない存在になる」という意思のもとに、必要と判断したから保険も扱うようになり、オフィス環境をよくするための商品・サービスも提供するようになりました。自分たちが得意としてきた情報通信だけを扱っていればよいということではなく、お客様である中小企業が抱えるさまざまなお困りごとに対応するための手助けをしたい、解決策を提供したいという考え方です。それが、私の経営の軸なのです。

「フォーバルに任せてあるから安心！」と、中小企業のお客様にそう言っていただくためには、中途半端な体制では駄目です。そのために、それぞれ課題ごとに専門特化して深掘りしていく必要があります。一つひとつのテーマごとに、事業部門やグループ会社として立ち上げ、より多くのご要望に応えられるソリューションを提供できるように取り組んでいます。また、それはひとえに、フォーバルとご縁がある中小企業を守るためという一点に尽きるということを、社内に向けても絶えず伝え続けています。

皆さんも自分の会社は何のために、誰のために仕事をしているのか、ということを常に考えながら、発信し続けてください。理念やビジョンを掲げることももちろん大事ですが、そもそも自分の会社が何のために、誰のために存在しているのか、会社の存在意義を経営者自身の口から発信し、原点を確認することも大切にしてください。

これはいわば、自社の商品・サービスのターゲットを明確にすることでもあります。ひいては自分の会社がやるべきこと、社員自身の役割や存在意義が明確になっていきます。

内に向けて、「誰を守るべきなのか」。

外に向けて、「何のために、誰のために」。

この内と外、双方への問いかけを、みずからに課してほしいと思います。これが明確になっていなければ、あなたの経営への意識は弱いと言わざるをえません。

2つ目の問い　100年不変のビジョンを定め、それを浸透させているか？

1つ目の問いでお伝えした「内と外への問いかけ」は、コインの表裏です。この2つをわけて考える必要はありません。そして、この問いに対する答えをもとに100年変わらないビジョンを定め、社員に浸透させていくのです。

100年と言いましたが、長ければ長いほどいいと考えてください。200年、300年と続けば理想的ですから。でも、まずは100年、少なくともそれくらいは会社を続ける前提でビジョンを考えてほしいと思います。ビジョンはコロコロ変えなければならないようなものでは駄目なのです。

たとえば私たちフォーバルは、創業35周年の節目に100年ビジョンを掲げました。それは100年後、「世界中の中小企業にとって、なくてはならない存在になっていること」です。

そのため、10年後には、「日本の中小企業にとって、なくてはならない存在になっていること」を目指しています。

そして、30年後には、「アジアの各国の中小企業にとって、なくてはならない存在になっていること」を次のステップとしています。その布石としてカンボジア、ベトナム、インドネシア、ミャンマー、タイへと、すでに進出を果たしています。

フォーバルの場合は100年ビジョンと同時に、10年、30年後のビジョンも掲げ、ホップ・ステップ・ジャンプで達成をイメージできるようにしています。「中小企業のために」という軸は変えず、アジア圏を出て、世界へ向かうのです。

このように、従来やってきたことをベースにしながら、これからやるべきことの明確な設計図を持つことが強さになると考えます。その逆に、こうしたビジョンを持っていないと企業は弱いのです。何か困難に直面するとすぐに諦めてしまいますし、そもそも行き先を見失った状態になってしまうからです。そのためにも、ビジョンを定めると同時に、社員に対する「ビジョンの浸透」が重要なテーマとなります。

ビジョンを定めたなら50％、そのビジョンが浸透したら80％は成功です。しかし、多くの中小企業はビジョンが定まらないまま、定まったとしても浸透しないまま、残りの20％

のHow To Doだけで右往左往しているということです。

有名な事例ですが、リッツ・カールトンの話をしましょう。リッツ・カールトンは数の上ではヒルトンには勝てませんが、サービスではヒルトンを凌ぐ「世界最高のサービスを提供しよう」と考えて、これを使命として掲げました。そして、同社が何より優れているのは、その使命を全社員に浸透させたところにあります。

そうした結果、ジャズのCDの用意をご希望されたお客様に対しては、次に利用した際にはリクエストがなかったとしても予約された部屋にジャズのCDを置いておくといったような、お客様の期待を超える感動を生みだすサービスを提供する企業になりました。

こういうサービスをお客様は忘れません。すべて、お客様に言われる前に、要望の先回りを実現するサービスを提供しています。つまり、お客様にとって何が感動か、何を求められているのか、何を提供できれば期待を超えられるのかといったように、すべてをお客様目線からもう一段高い視座に立ってサービスを提供しているのです。

これ以外にもリッツ・カールトン独自のサービスは数えたらキリがありません。そうした例を紹介する本はたくさん出ていますから、詳しく知りたい人は、ぜひそちらで学んでいただくと参考になると思います。

ただ、ここで私が伝えたいのは、それらのサービスがごく自然におこなわれるということの意味についてです。それは、すべての社員にリッツ・カールトンの理念が浸透していて、社員はその理念の実現のために「みずからの判断で動いている」ということなのです。誰に命令されるのでもなく、そのようにふるまうことができるホテルマンが揃っているということ。理念浸透の素晴らしさとは、まさにこういうことを指すのです。

しかしながら、リッツ・カールトンといえども、この理念浸透には多大な時間をかけているといいます。さて、皆さんはどうでしょうか。理念浸透に時間をかけているでしょうか。

「うちの社員は何度言ってもわからないんだ」という声を耳にします。ただ理念を掲げただけではみずから動く社員は生まれません。そして、浸透させるにはとても時間がかかるのです。かけた時間には比例します。仕事を任せたら、経営トップがみずから「今日はどうする」「昨日はどうだった」と毎日毎日、社員と話をして確認する。そうしたことに時間をかけることで、自然にゆっくりと理念が浸透するものなのです。

たとえば私であれば、「お客様に真心を持って対応できたか？」「ありがとうと言ってもらえたか？」と、社員と対話する際はいつも確認しています。そうすることでお客様のお役に立てる存在、なくてはならない存在になるというフォーバルの使命が、社員たちの間に浸透していくのです。

3つ目の問い　トップみずから営業の在り方を教えているか？

2つ目の問いでは、理念を浸透させていく上では、経営トップが掲げた理念の高さまで社員のステージを引っ張り上げることが必要だということをお伝えしました。これは日々の仕事においても重要なことです。

よく、社員に向かって「これを売ってこい」「今月はこれくらいの数字をあげてこい」と指示・命令を下すだけの経営者がいますが、それは仕事ではありません。「なぜ売れないのか？」「どうしたらもっといいサービスになるのか？」、経営者みずから頭をひねり、一緒に考え、ときには営業と一緒に率先垂範でセールスに出ることも必要だということです。私自身もフォーバルがある程度の規模になるまでは現場に出て、深夜まで、あるいは翌朝まで役員や営業トップと侃々諤々の議論を重ねていました。

若い頃に学んでいた経営塾で、ソニーの盛田さんがお話しされていたときのことを思いだします。夜6時からはじまった勉強会のときのこと。夜11時頃になって秘書が「会長、もうそろそろお時間ですが……」と告げても、盛田さんは「いや、こいつはまだわかっていない！」といって話を続けるのです。メンバーの中で、たった一人でもわかっていない人がいれば、わかるまで続きました。この姿を見て、思わず「すごいな……」と感じざるをえませんでした。このくらい集中して、魂を込めて話をするからこそ相手に通じるのだな、と。

稲盛さんもそうですし、盛田さんもそうですが、あの人たちのすごいところは一つのことをただ教えるだけでなく、相手がちゃんとわかったかを確認できるまで続けるところです。やると決めたら中途半端なことはしない。そういう執念のようなものがあるのです。そうした点が、両社を日本の代表となる企業にまで大きくしたのだ、と得心しました。名経営者と言われるような人は、そういうすごさを持ち合わせています。その人たちの側にいて学べたことは、私にとって限りなく恵まれた幸せなことであり、何ものにも代えがたい財産となりました。

この話をしたのは、皆さんに稲盛さんや盛田さんのような名経営者を目指してほしい、ということではありません。稲盛さんや盛田さんのように、経営者はみずから率先して、声を高らかにして、最後の最後まで会議や議論の場、学びの場にいるべきだということを伝えたいのです。

「お二人の名経営者はすごいから、特別だから」「大久保さんのようにはいかないから」と思わず、明日からでも、そういう熱のあるあなたの姿を社員に見せてあげてください。そうすれば、その姿を見て社員は奮い立ち、あなたの考えや会社の理念をきっと理解してくれるようになるはずです。

また、このように何事においても率先する社長の気持ちは営業にも必要です。営業は営業部隊に、その指揮は営業部長に任せているという社長も多いと思いますが、そこでも社長はトップとして営業活動を率先していく役割を担っていると考えてほしいのです。

なぜなら、第2部でお伝えした通り、営業は買ってもらうだけでなく、実はこちらも営業する相手、売る相手を選ぶ権利があるからです。買ってほしくないと思った顧客には、断ってもいいのです。これは創業の頃から社員に伝えていることです。安易に値引きをするなとも伝えてきました。

私たちフォーバルは情報通信機器をはじめとして、お客様が商売をする上でなくてはならない商品・サービスを売っています。そこでは、売り手と買い手という対等な立場として正々堂々と取引をしているのです。どこに出しても恥ずかしくない商品、確実にお役に立てるサービスを持っているなら、こちらからあえて負けの商売をする必要はないということです。

こうした考えは、トップである経営者が率先して言わなければ、社員に腹落ちさせるのは難しいことです。正しい商売の在り方を社員に気づいてもらう。これも経営者の仕事です。ただ単に営業に首を突っ込むのではなく、商売を通して人間の在り方、企業の在り方、ビジネスパーソンとしての在り方を教えるのです。当然、企業理念に基づく在り方ですから、これによって理念も浸透し、その足跡が企業の文化になっていきます。経営のトップとして、これを根気よく実践してください。

4つ目の問い　ワンランク上の会社をベンチマークしているか？

社員が10人の会社、50人の会社、100人の会社といったように、会社の規模感が上がる度に、営業、管理、製造、それぞれの部門が抱える課題は変化します。そこで経営者としては、次のステージを目指す上で対応しなければならない問題に対して、ワンランク上にいる会社がどのように対処しているかを学ぶことが必要です。

しかしベンチマークする会社は、ワンランク上であればどこでもよいわけではありません。たとえば自社と事業内容が同じである、あるいは同じ業界で企業規模が比較的近い優良企業などのように、自分たちと近い立場や特性を持ちながら、より一歩先を歩んでいる会社がどのような経営をしているのかをベンチマークして学ぶのです。

営業アプローチはどうか、魅力ある商品・サービスをどうやって生みだしているのか、採用はどのようにして母集団を形成しているのか、といった具合です。

ただし、注意していただきたいのは、単なる物真似、つまりHow To Doを見てもあまり意味がないということです。そうではなく、行動や言葉の背景にあるHow To Beを見るようにしてください。一歩先を行く会社が体現・実践している経営の在り方、考え方、お客様と向き合う姿勢がどのようなものかを見極めることが大事なのです。ベンチマークすべき会社が見つかったなら、きっと学ぶことは多いことでしょう。

経営者が陥りがちなのは、「ライバルに対して教えを乞うなんて恥ずかしい」といって目を背ける、学ぼうとしないことです。気持ちはわかりますが、自分視点しか持たない経営者は成功から遠ざかること、いままでのあたりまえを捨てなければならないということは、本書で繰り返しお伝えした通りです。

感情面はいったん捨て去り、本当にベンチマークすべき企業であれば、相手が誰であろうと学ぶんだ、という貪欲さを持たない限りはいつまで経っても成長はおぼつかないでしょう。

そういうこともしないで「世の中の変化は速すぎる」「トランスフォーメーションにもついていけない」などという考え方でいる限り、中小企業はいつまで経っても中小企業のままです。「恥ずかしい」なんて言っている余裕は、本当はないのではありませんか？　そこにあるのはプライドではなく、本来は不必要な意地を張っているに過ぎません。そんなものはいま、この場で捨て去り、徹底的に学び、研究し、自分なりに吸収して経営に生かそうと考えるのが、正しい経営者の在り方でしょう。

読者である皆さんは、常に「学ぶ」という謙虚な姿勢を持った経営者になってください。そして、そのためには、自分よりワンランク上の企業を見つけ、ベンチマークするということをぜひ実践してください。

5つ目の問い　自社のアキレス腱を明確化し、その補強策を考えているか？

自社のアキレス腱とは、自分の会社にとっての最大のウィークポイント（弱点）のことです。このアキレス腱によって事業を続けていくことができなくなったり、会社がつぶれてしまったりすることがあるのです。

どこがアキレス腱かは、会社や業種業態によりさまざまだと思いますが、あなたの会社ではそれを明確にしていますか。その対策を考えていますか。会社の存続にかかわるたいへん重要な問題ですが、意外とできていない会社がほとんどではないでしょうか。これについて、ひとつ事例を紹介しておきましょう。

ある会社では、非常にユニークな取締役会をしています。「うちの会社をどうしたら『潰せる』だろうか」というテーマが、毎回の議題に挙がるのです。自分たちの会社をどうしたら潰せるかを大真面目に、しかも何度も繰り返して議論をする取締役会があるなどという話は他に聞いたことがありません。

ですが、そうした議題に対して、「そうか、こうしたら会社が潰れる可能性があるな。だったら、これに対してどう対処すればいいだろうか」と、大真面目に話しあうのです。

つまり、これはリスクの洗いだしと、その対策を立てるための非常にユニークな方法なのです。

アキレス腱の管理とは、つまるところリスク管理が徹底してできているか、ということを指しています。この会社はこの取り組みを継続して続けてきました。だから足元は完璧で、当然、会社の経営も盤石です。ライバル企業が何をしても関係ない、物価高・円安・経済の動向にも影響を受けづらい、世の中が不景気になろうが、さまざまなリスクや危機に対応できている、あるいは対応する準備ができているのです。

それは業績にもあらわれていて、右肩上がりで成長を遂げています。このやり方は非常にシンプルですから、ぜひ皆さんの会社でも取り入れてみたらいいと思います。一度やってみることで、会社のアキレス腱を見つけだし、役員・幹部としっかり共有するのです。それによって幹部が会社の課題を自分事として捉えて対処できれば、経営にとってこんなにも素晴らしいことはありません。

アキレス腱についてもう一つお話ししたいのは、どんな会社にも共通する課題についてです。ナンバー2、つまり後継者問題のことです。

本書の中でも社員や家族、ステークホルダーを守るためにもナンバー2をつくれ、育てよと再三お伝えしてきました。中小企業の最大の問題はもしかしたらナンバー2の不在だと言っても過言ではないと思っているからです。

いくらいまのあなたが若くても、先のことはわかりません。諸行無常という言葉を自分事として考えれば、明日はこの世にいない可能性だってあるのです。もしそうなったらあなたの会社はどうなりますか。後継者たるナンバー2がいて、はじめてステークホルダーを守る最初の一歩をクリアすることができるのです。

この課題に取り組めるのは、トップである社長しかいません。会社のBCP対策の一環として、ぜひ取り組んでください。

自社のリスク管理を自分事として徹底すること、ナンバー2を育てること。この2つは、会社の永続に欠かせないものです。未来に向けて会社が変革、トランスフォーメーションしていく大前提として、会社が存続していることがあります。この事実を認識し、自社のアキレス腱と真剣に向き合ってください。

6つ目の問い　顧客視点で真のニーズを考え、勝つために何をすべきかを徹底的に考えているか？

「顧客視点で真のニーズを考える」「勝つために何をすべきか？」と言うと漠然としているように聞こえるかもしれません。実際には、「どうしたらお客様が振り向いてくれて、自社の商品・サービスを愛してくれるか？」ということを考えることです。では、どうしたらそういう視点に立てるでしょうか。

たとえば好きな人ができたとします。その人を振り向かせるため、あなたはさまざまな手を打つでしょう。なんとしてもその人と付き合いたい！　と思えばこそ、そのためには時間と労力を惜しまずに全力で向き合うのではないでしょうか。

会社もこれと同じで、顧客に振り向いていただき自分たちの商品・サービスを使ってもらえるように、好きになってもらえるように、情熱を注ぎ考えて、考えて、考え抜くのです。そのための弛まぬ商品開発や組織の変革といったトランスフォーメーションを、自分の信念／How To Beからぶれないように進めていくのです。


顧客ニーズ獲得と商品開発の努力は、決して終わることはありません。たとえ、好きな人と付きあえることになったとしてもそこがゴールではないことと同じです。むしろそこからが本番でしょう。付き合えたのはいいけれど、その後、あなたが何もせず、魅力のない人間だと思われてしまったら、その人は愛想をつかして去っていってしまうかもしれません。そう考えると、人と付き合い続ける努力とお客様をつなぎ止めるための努力は同じであり、経営の考え方とも一致します。人間の本能と通じるものだからでしょう。

何が言いたいかをまとめましょう。顧客ニーズ獲得と商品開発において、自分目線だけでは独りよがりになりかねない、ということです。あくまでも相手の目線で、「こうしたらお客様に喜ばれるんじゃないか、お役に立てるんじゃないか」というところからはじめることが大切です。それも中途半端なものではなく、しっかりとしたコンテンツ、サービスを提供できる会社や組織をつくる。そしてその力を結集してグループ化させ、お客様に総合的なサービスを提供する。

私たちフォーバルが目指していることがまさにこれなのです。なぜなら、すでにお伝えした通り、「フォーバルに任せてあるから安心」「私たち中小企業にとって、なくてはならない存在だ」と言ってもらうにはどうすればいいのかを、全グループ一丸となって考え続け、体制を強化し続けているからです。

「どうすれば、どうすれば」「何をしたら、何をしたら」と考え続けてお客様に喜んでいただき、信頼してもらえるようになる。これを常に問いかけ続け、実行できる経営者になってほしいと思います。

7つ目の問い　チェック機能が確立されているか？

人間は一人で判断すると必ず間違えることがあります。私も当然、間違えることはあります。これは先述のアキレス腱を明らかにすることにもつながりますが、会社の規模にかかわらず、チェック機能を確立しておくことが大切です。

上場企業では、監査役や社外取締役の設置が法的に課されています。裏を返せば、日本の大半を占める中小企業には設置する法的義務はないということです。実際、ほとんどの経営者はそんなことを意識されていないと思います。しかし、冒頭に申し上げた通り、人は誰しも間違えます。特に多いのは、会社は社長のもので自由にしていいという勘違いです。しかし、会社は社会の公器です。社長の私物ではありません。一人親方のような個人事業主に近い法人は別として、会社として社員、顧客、取引先、株主がいるのであれば、経営を客観的に見る目が絶対に必要です。

これができていなかった会社は例外なく間違いを起こします。それも周りに迷惑をかけるかたちで間違いを起こしてしまうのです。いまでは誰もが知るところとなった某大手芸能プロダクションもここに当てはまります。芸能・メディアを席巻したこの会社が起こした問題は、一人のカリスマ創業者への過度な忖度が原因です。間違いが小さなうちに誰か止める人がいれば、あれほど多くの若者を不幸にして未来を奪ってしまうようなことにはならなかったでしょうし、芸能界全体や広告主の企業にも迷惑をかけてしまうことは避けられたはずです。

大手中古車販売のケースも同じです。やはり、経営層に対して社員はもちろん、誰もN

Oが言えない、チェックできないという体制が問題を深く、大きくしました。

すべての経営者は、この事件を自分事として考えてみる必要があります。特に創業社長で、社内において大きな力を持っている経営者は、この事件に目をつむったり、背けたりしてはいけません。中小企業の創業社長は、良くも悪くもワンマンなところがあります。それが会社を一つの方向にまとめるような、いいかたちで発揮されていればまだよいのですが、時間が経てば経つほど、会社が大きくなればなるほど、悪いかたちで発揮されるリスクがあると覚悟しておくべきです。


たとえ社長や経営幹部がやることでも、間違っていると指摘できる体制、組織をつくっていただきたい。もしかすると、会社の中ではそれがあたりまえすぎて気づけないことが起きているかもしれません。中小企業のアキレス腱はこういうところにもあるのです。

会社の規模に関係なく、外部から、それも社長や役員との個人的な関係のない取締役、監査役、相談役を置くなど、第三者の目で自社をチェックしてもらう方法を検討してください。

また、自分に対して「うるさい人間」を遠ざけないようにしましょう。むしろ、あなたにとって嫌われ役となるような人の発する言葉にこそ耳を傾け、積極的にコミュニケーションをとってください。そしてその姿を社員に見せるのです。結果として、社員は「社長は反対意見も聞いてくれるんだ」と認識し、トップや上司に対しても臆することなく提案・提言ができる企業文化が育つようになるでしょう。

あるいは提案してくる人が優秀ならば、ナンバー2の候補となる可能性だってあります。その芽を見つけられるメリットまであるのです。あなたが遠ざけている人、みずから嫌われ役を買って出てくれる人が、実は経営者や会社のことを誰よりも真剣に考えているのかもしれません。感情的には嫌かもしれませんが、苦言は避けて通るのではなく、向き合うことで会社の改善性や永続性に寄与するものなのです。うるさいことも受け入れる、そんな器の大きな社長を目指してください。

8つ目の問い　組織改革がしやすい風土か？

会社の風土をつくるのは、経営者自身の姿勢、在り方です。

7つ目の問いの話を続けると、経営者にとって耳の痛いことを心思直言できる人がいて、そういう人を遠ざけるのではなく、積極的にコミュニケーションをとる姿勢が大切だということです。正しい意見であれば受け入れ、提案してきた本人に責任を持って進めてもらうチャンスを与える。いずれ、そういう人が会社の重要ポストに抜擢されたら、確実に会社の風土は変わるでしょう。

社員は必ず見ています。「この会社は社長に意見したり、耳の痛いことを言ったりしても大丈夫なんだ。むしろ出世するチャンスになるんだ」と、そう考えるようになることでどんどん意見が出てくるようになり、オープンかつ前向きな社風、企業文化ができあがっていくはずです。

私たちフォーバルも同じで、いまの社長は役員になる前から、私にどんどん意見を提案してきて、ときには激しく議論することも何度かありました。そういう心思直言できる人間だからこそ、私は彼を信頼し、ナンバー2を任せることに決めたのです。

一度信頼して社長にしたからには、日々のオペレーションは基本的にはすべて彼に任せるようにしています。他のグループ会社の社長に対しても同様です。

このときに心掛けているのは、子会社にはできるだけ顔を出さないようにすることです。これは先ほどの話とは違う判断から、私が彼らとやり取りするシーンは社員に見せないようにするためです。なぜなら、グループ会社の社長が私と話していると、社員の目には私がナンバー1、グループ会社の社長がナンバー2と映ってしまうからです。ひとつの組織全体を統括する立場の社長がナンバー2として認識されないように、何か用事があるときは、こちらに来てもらうようにしています。

ただ、それ以外は一切口出ししません。その代わり、報告だけはしっかりしてもらうようにしています。もちろん相談を受けることもありますが、「最終的には君たちが考え、実行しなさい」と言っています。そのスタンスを続けることで、彼らも次第に、みずから考え、判断する練度が高まっていき、組織も円滑に回っていくのです。

中小企業の場合は組織そのものができあがっていないフェーズにある会社もあるでしょうが、無理に組織を固めるよりも、まずはどのようにすれば社員や幹部が意見を出せるようになるのか。そのためには自分がどう在るべきかを考えるところからはじめてください。

それが見えたなら、実行する。トップに意見が言える風土は、組織が大きくなっても一丸となって改革に向き合える風土として好循環を生みだしていきます。なぜなら、疑問や意見があれば、上司にすぐ直言してくれるからです。部下の考えが正しければそれに沿って修正すればいいですし、間違いがあれば正しく理解できるまでコミュニケーションを重ねることで、再び同じ方向を向くことができるようになるからです。

それはつまり、会社が永続するために必要不可欠な、未来に向けたトランスフォーメーションが実現できる風土が生まれるということを意味しているのです。

9つ目の問い　人間の本能を活用する仕組みになっているか？

人間の本能はいろいろありますが、今回は、人間は誰しも「任せてもらう」と嬉しいという本能についてお話しします。任せられると、人間は責任感を持ち、やる気になるのです。反対に、任せてもらえない、期待されていない人は、自発的に動けません。「君に一任する。頼んだぞ」そう言われたなら、どんな仕事であっても、それだけでわくわくしてくるでしょう。信頼されて任されるというのは、人間にとって一番モチベーションが上がることなのです。そうして「自分は社長から信頼されているんだ」と、本心から思えていれば、細かく指示はしなくても、自然と「社長だったらどうするだろう？」と考え、自分で最適解を見つけて動くようになるのです。もちろんその前提には、会社の理念やビジョンが正しく浸透していることがマストです。

言い換えれば、これは信頼関係とも呼べるものでしょう。社員は社長や会社の理念・ビジョンを信じ、社長は社員を信じているからこそできることです。はじめは不安もあると思いますが、任せた以上は見守ることがあなたの役目です。相談もされていないのに細かく口を出さないよう、気を付けてください。

中小企業の社長ともなれば、その仕事のスペシャリストでもあるでしょうから、どうしても口を出したくなるのが常かもしれません。しかし、そこをぐっと我慢して、任せきる。「失敗したら俺が責任とればいいじゃないか」そのくらいの気持ちで腹を括ってください。はじめはうまくいかないこともあるかもしれませんが、お互い経験を重ねることで、必ずいいパートナー関係を築くことができるはずです。

人間は頭と心と腹で決めるという話をしましたが、経営者に欠かせない重要なものの一つは、やはり腹です。腹を括る。腹で決める。経営者は「君に任せた、好きにやれ！あとのことは全部俺に任せておけ」という腹の据わった覚悟が必要です。そうでなければ社員はついてきません。

経営者の器、これは最終的には「腹」で決まるのです。

おわりに

未来を変革する中小企業経営者に、いま必要なこと。

本書を最後までお読みいただきありがとうございます。

本書は中小企業経営者の皆さんが、この混沌とする今日を生き抜き、未来を切り拓いてもらうための道しるべとなることをお伝えしたいと思い、記したものです。

いろいろ書きましたが、ポイントは極めてシンプルです。

中小企業の経営者は、日本だけではなく世界に目を向けてください。世界の出来事を自分事と捉える習慣を身につけてください。いままでのあたりまえを覆す「トランスフォーメーションの覚悟」を持ってください。それによっていままで見えなかったことが見えるようになり、気づかなかったことに気づけるようになります。

中小企業の経営者は、とかく目先のことに目が行きがちなのです。視野を広げ、視座を上げてください。How To Doではなく、How To Beをいつも頭と、心と、腹に置くようにしてください。在り方さえ定まっていれば、外にあるものに振り回されることはありません。経営は、経営者の「内」からはじまりますが、ヒントとチャンスは常に「外」にあるということをわかってください。

今後、ＡＩがより一層進歩していくでしょう。そうするとどうしても「人間の代わりとなりうるＡＩ」という側面に目を奪われがちです。メディアも、そうした側面に光を当てることでしょう。ですが、経営者が目を向けるべきなのは、その反対側です。ＡＩにはできない人間的なこと、人間性の本質に注目することです。

クリエイティビティあふれる発想。

人をマネジメントして潜在的な可能性を引きだす力。

ホスピタリティをもって人と接する温かみを持ったコミュニケーション。

こうした能力こそ、大事にしてください。まさしくこれらは、人的資本経営であり、経営の本質がここにあります。

経営者の皆さんはこれらの背景を汲んで、人間に対する好奇心と興味・関心を持ち、人に対する投資を惜しみなくおこなってください。それこそが時代が変わっても変えるべきではない、経営者の生きる道です。

そしてベンチマークした会社のいいところから学び取り、世界の動きを見逃さず参考にすることを怠らず、常に勇気を持って、前向きに、仲間と共に進んでください。

私たちが経営するのは企業ですから、最終的には利益を出さなければ、儲けなければ、継続させることができません。ですが、「経済性」ではなく、まず「社会性」を考えるのです。会社の在り方、存在意義を経営の土台に置きながら舵取りをおこない、社員の力を最大限に発揮して、社会の公器としての役割を果たせる会社へと成長させてください。

それが、何ものにも揺るがない根と幹を持つ大樹のような企業です。立派な枝を持ちながら青々とした葉が芽生え、彩りあふれる花と、豊かな果実を実らせます。

当然、ときには大きな嵐が大樹である企業を襲うことでしょう。しかし、揺るぎない根と幹がありますから、びくともしないはずです。

ときにはトランスフォーメーションをして、新しい花や実を見せてくれるでしょう。これから先の未来、100年、200年、こうした強い大樹のような企業が日本に育ち、世界に向けて増え続けていってほしい。

私はそうした未来に思いを馳せながら、「全国の中小企業にとってなくてはならない存在」として、その伴走者として、共に豊かな日本を、世界をつくっていきたいと思っています。

最後に、出版にあたり全体をコーディネートいただいたクロスメディア・パブリッシングの金子樹実明氏、フォーバルのスタッフとしてサポートしてくれたグループマーケティング戦略本部の水野博之氏、会長室の田村英治氏には、心より謝意を表します。

2023年11月　株式会社フォーバル　代表取締役会長　大久保秀夫

［著者略歴］

大久保秀夫（おおくぼ・ひでお）

1954年、東京都生まれ。國學院大學法学部卒業。大学卒業後、アパレル関係企業、外資系英会話教材販売会社に就職するものの、日本的な年功序列体質や人を使い捨てにする経営方針に納得できず退社。

1980年、26歳で新日本工販株式会社（現在の株式会社フォーバル）を設立、代表取締役に就任。電電公社（現NTT グループ）が独占していた電話機市場に一石を投じるため、ビジネスフォン販売に初めてリースを導入し、業界初の10年間無料メンテナンスを実施。

1988年、創業後8年2カ月という日本最短記録で史上最年少（共に当時）の若さで店頭登録銘柄として株式を公開。同年、社団法人ニュービジネス協議会から「第1回アントレプレナー大賞」を受賞。

その後も、情報通信業界で数々の挑戦を続け、2023年9月現在、従業員数国内2347名、海外169名、法人クライアント数10万社、東証スタンダード市場への上場会社3社を含むグループ企業35社を抱えるベンチャーグループに成長させた。

2010年、社長職を退き、代表取締役会長に就任。会長職の傍ら、講演・執筆、国内外を問わずさまざまな社会活動に従事。カンボジアにおける高度人材の育成を支援する「公益財団法人CIESF（シーセフ）」理事長も務める。さらに、一般社団法人公益資本主義推進協議会代表理事、教育立国推進協議会会長代行、東京商工会議所特別顧問なども務めている。『最高の生き方』『王道経営8×8×8の法則』（以上、ビジネス社）、『世界最高の人材を育てる「気づき」の教育』（アチーブメント出版）など著書多数。

いま、中小《ちゅうしょう》企《き》業《ぎょう》経《けい》営《えい》者《しゃ》に必《ひつ》要《よう》なこと

2023年12月21日　初版発行

著　者　　大久保秀夫

発行者　　小早川幸一郎

発　行　　株式会社クロスメディア・パブリッシング
〒151-0051 東京都渋谷区千駄ヶ谷4-20-3 東栄神宮外苑ビル
https://www.cm-publishing.co.jp
◎本の内容に関するお問い合わせ先：TEL（03）5413-3140／FAX（03）5413-3141

発　売　　株式会社インプレス
〒101-0051 東京都千代田区神田神保町一丁目105番地
◎乱丁本・落丁本などのお問い合わせ先：FAX（03）6837-5023
service@impress.co.jp
※古書店で購入されたものについてはお取り替えできません

印刷・製本　　株式会社シナノ

　ISBN978-4-295-40926-7　C2034